Rügen im Wandel

Mit Beiträgen von: Reinhard Dreisler, Uwe Hemmerschmidt, Dieter Holtz,
Wulf Krentzien, Gert Liebling, Bodo Noack, Ines Petri, Markus Sommer-Scheffler,
Jürgen Schulz, Brigitte Thom, André Wittkamp

Armin Kühne

Rügen im Wandel

Edition Leipzig

Bibliografische Information der Deutschen Nationalbibliothek

Die Deutsche Nationalbibliothek verzeichnet diese Publikation in der Deutschen Nationalbibliografie; detaillierte bibliografische Daten sind im Internet über http://dnb.d-nb.de abrufbar.

ISBN 978-3-361-00619-5

www.edition-leipzig.de

Umschlaggestaltung: Lambert & Lambert, Düsseldorf
Gestaltung und Satz: Grafikstudio Scheffler, Berlin
Karte S. 144: Kartographisches Büro Borleis & Weis, Leipzig
Druck: Offizin Andersen Nexö, Leipzig
Printed in Germany

Die Schreibweise folgt den Regeln der neuen Rechtschreibung.
Gedruckt auf alterungsbeständigem Papier mit chlorfrei gebleichtem Zellstoff

Abbildungen auf dem Umschlag:
Vorderseite: Seebrücke Sellin
Rückseite: Ostseebad Binz, Strandpromenade

Abbildung Seiten 2 und 3: Kreisefelsen auf Rügen, Luftbild 2006

Bildnachweis

Dreßler, Reinhard, Leipzig: S. 142, 143
Hermerschmidt, Uwe, Bergen: S. 46
Peters, Ursula, Sassnitz: S. 92, 93
Planungsbüro »ARSU«, Oldenburg: S. 122
Schulz, Jürgen, Binz: S. 135
Sommer-Scheffler, Markus, Bergen: S. 63, 64, 65
Stadtarchiv Sassnitz: S. 86 oben, 87 oben
Wittkamp, André, Moisselbritz: S. 119, 120, 121

Alle nicht aufgeführten Abbildungen stammen von Armin Kühne, Leipzig.

Inhalt

Am Strand von Binz, Juni 2006

Vorwort

Liebe Leserinnen und Leser,

Kinder, wie die Zeit vergeht! Das möchte man beim Blättern in diesem Buch am liebsten ausrufen. Zwischen den alten und neuen Fotoaufnahmen liegen zehn, 15 oder 20 Jahre. Geschichtlich gesehen eine winzige Spanne und doch erkennt man manchen Platz nicht wieder. Da werden Erinnerungen wach und Veränderungen ganz intensiv wahrgenommen.

Mit »Rügen im Wandel« halten Sie ein Buch in den Händen, das ein Stück der jüngeren Geschichte unseres Landkreises dokumentiert. Mit eindrucksvollen Bildern und interessanten Berichten bringen der Fotograf Armin Kühne und Rüganer Autoren ihre Sichtweisen und Erfahrungen zum Ausdruck. Es ist ihnen gelungen, Rügen als wunderbares Kleinod darzustellen. Alltägliches wird zum Besonderen!

Unsere Zeit ist schnelllebig. »Rügen im Wandel« führt vor Augen, wie rasant die Entwicklung auf Deutschlands größter Insel voranschreitet. Gemeinsame Anstrengungen haben in den vergangenen Jahren dazu geführt, Rügen als liebenswerte Heimat, begehrtes Ferienziel und Wirtschaftsstandort mit Perspektiven weiter zu gestalten. Auf dem eingeschlagenen erfolgreichen Weg wollen wir auch künftig gehen.

Es gibt so vieles, was Rügen unverwechselbar macht. Als eigenständiger Landkreis hat die Insel eine mehr als zweihundertjährige Geschichte. Einheimische und Gäste schwärmen von der einzigartigen Natur. Sie lieben die langen Sandstrände und das saubere Wasser. Gutshäuser, Parks und originäre Bäderarchitekturen ziehen die Betrachter immer wieder in ihren Bann. Die berühmten Kreidefelsen im Nationalpark Jasmund und das Kap Arkona mit seinen Leuchttürmen sind Rüganer Wahrzeichen.

Deutschlands größte Insel hat sich vor allem als Tourismusregion einen Namen gemacht. Hotellerie und Gastronomie bieten für jeden etwas, Sport und Kultur werden großgeschrieben. Daneben prägen Fischerei und Landwirtschaft, Fährverkehr und Kreideindustrie, Handel und Handwerk traditionell die Inselwirtschaft.

»Rügen im Wandel« lädt Sie, liebe Leser, zu einer kleinen Erlebnistour ein. Lassen Sie sich überraschen und entdecken Sie die Insel einmal auf andere Art!

Kerstin Kassner
Landrätin des Landkreises Rügen

MEINE HEIMAT DDR
DDR 35
KREISKULTURHAUS

Einführung: Gedanken des Leipziger Fotografen

Armin Kühne

20 Jahre sind im Rahmen der Weltgeschichte eine kurze Zeit, doch sollte man einmal innehalten und schauen, was sich innerhalb eines solchen Zeitraumes verändert hat. Jahr für Jahr empfängt Rügen seine Gäste. Mal sind es Neugierige, die das erste Mal kommen, mal sind es Stammgäste, die die größte deutsche Insel, ihre Landschaften und ihre Menschen lieb gewonnen haben. Veränderungen werden dabei von allen mehr oder minder bewusst wahrgenommen. Die Bewohner der Insel haben diese Schritt für Schritt erlebt, sind hineingewachsen und wissen gar nicht mehr, wie es einmal ausgesehen hat. Gerade Jüngere können sich oft nicht vorstellen, was sich alles verändert hat, sei es im persönlichen Leben, bei den Wohnverhältnissen, der Bildung, im Gesundheitswesen, in der Infrastruktur, im Verkehrswesen, im Tourismus, bei den Einkaufsmöglichkeiten und der Versorgung, der Gastronomie und vielem anderen mehr, was heute als ganz normal und selbstverständlich erscheint.

Für die Besucher der Insel ist in der relativ kurzen Zeit ihres Urlaubes der bewusste Vergleich kaum möglich und auch viele Stammgäste haben bereits vergessen, wie die Situation früher war. Diejenigen, die das erste Mal kommen, um das einzigartige Flair der Insel und ihrer Menschen kennenzulernen, stellen eher Vergleiche mit anderen Orten und Urlaubszentren an. Für sie spielt es dabei kaum eine Rolle, wie es bis 1989 auf der Insel aussah, welche Probleme und Widrigkeiten die Menschen damals in Kauf nehmen mussten und wie sie mit diesen Situationen zurechtgekommen sind. Ihnen will das Buch aufzeigen, was in kurzer Zeit mit viel Fleiß und Liebe zum Detail geschaffen wurde, aber auch einiges, was noch zu tun ist.

Während verschiedener Aufenthalte von 1983 bis zur politischen Wende und in den folgenden Jahren bis zur Drucklegung dieses Buches hat der Fotograf ganz privat viele optische Eindrücke auf Schwarz-Weiß-Film gebannt und teilweise in der Ostsee-Zeitung, Kreisredaktion Rügen, veröffentlichen können. Nicht direkt zu illustrieren war das Versorgungsproblem zu DDR-Zeiten, das sich dabei auch ihm stellte, denn er gehörte nicht zu den Urlaubern, die mit dem Freien Deutschen Gewerkschaftsbund (FDGB) angereist waren. Für ihn war es nicht ganz einfach, Lebensmittel zu beschaffen, einen Platz in einer Gaststätte zu bekommen und aus dem damaligen Speisenangebot kulinarische »Schmeckerchen« zu bestellen. Erbseneintopf war das Angebot und der Gast hatte nur zu entscheiden, diesen zu essen oder nicht. Umso häufiger begab sich der Fotograf bei seinen Touren über die Insel auf die Suche nach gastronomischen Einrichtungen mit einem »öffentlichen« Speisenangebot. Danach konnten die Inselbewohner und ihre Gäste in der Ostsee-Zeitung kurze Beiträge mit Fotos über pfiffige Gastronomen lesen, die unter den gegebenen Bedingungen doch noch etwas zur besseren Versorgung der Gäste zu bieten hatten, so z. B. über die bemerkenswerte Gestaltung des Bahnhofsrestaurants in Göhren, das Café in Alt-Redde-

Bergen: Dammstraße. Statt der Wurst- und Fleischwaren war im Fenster nur ein Plakat ausgestellt: »Erfülltes Leben, glückliche Zukunft – das ist Sozialismus«, 1984.

Linke Seite: Bergen: Kreiskulturhaus am Markt. Propagandatafel »DDR 35 – Meine Heimat DDR«, 1984 aufgenommen, gaukelt heile Welt mit Segelbooten im Grenzgebiet vor.

Mukran: Beobachtungsturm der DDR-Grenztruppen

vitz oder die Gaststätten in Mariendorf, Moritzdorf, Seedorf und Lancken-Granitz.

Es gab aber auch kritische Veröffentlichungen, z. B. über den »Treppenkonsum« in Bergen, wo unter der Ausschilderung »Lebensmittel« das gesamte Schaufenster mit Alkoholika dekoriert war und sarkastisch bemerkt wurde: »flüssige Lebensmittel«. Wenige Schritte die Dammstraße hinab war im Laden von »HO-Wurst u. Fleischwaren-HO« (heute: Rügen-Optik) nicht einmal ansatzweise etwas Essbares zu erspähen, dafür aber ein Agitationsplakat mit dem Text »Erfülltes Leben, glückliche Zukunft – das ist Sozialismus«. Zum 35. Jahrestag der DDR war neben dem Kulturhaus am Markt ein großformatiges Plakat mit viel Sonne und heiler Welt abgebildet: Vor der symbolisch dargestellten Kreideküste mit einer stilisierten Hafenansicht von Sassnitz tummelten sich auf dem blauen Meer Segelboote, wie man es sehr wohl heute erleben kann, wie es damals aber überhaupt nicht möglich war. Über allem stand der Schriftzug: »Meine Heimat DDR«.

Die Grenztruppen der DDR, die auch auf der Insel stationiert waren, achteten sehr genau und streng darauf, dass sich niemand aus der »Heimat DDR« entfernte. Nicht einmal einfache Schlauchboote oder Luftmatratzen durften an den Strand mitgenommen werden. Heute sind sie bereits belächelte Historie – die Schilder mit der Aufschrift »Sperrgebiet – Unbefugen ist das Betreten, Befahren und die bildliche Darstellung verboten. Zuwiderhandlungen werden bestraft« oder die Wachtürme, von denen aus die Unverletzlichkeit der DDR-Staatsgrenze gesichert wurde. Zeltplatzbewohner zwischen Baabe und Göhren erinnern sich sicher noch, dass nachts Scheinwerfer den Strand ableuchteten und Streifen der Grenztruppen patroullierten. Verliebte, die in der Dunkelheit in den Strandkörben kuschelten, hatten sich bei Kontrollen auszuweisen.

Nicht vorstellbar ist heute auch, dass es im Ostseebad Binz damals nur einen Taxi-Unternehmer gab, der nicht etwa vor dem Bahnhof auf Kunden wartete, wie man es heute kennt, sondern den man lange vorher telefonisch bestellen musste. Dabei ist zu bedenken, dass es nur wenige Telefonanschlüsse auf der Insel und in der DDR überhaupt gab, von heute üblichen E-Mail-, SMS-, Funktelefon- und Festnetzmöglichkeiten ganz zu schweigen. Die mit der Deutschen Reichsbahn zum Bahnhof Binz transportierten Urlauber mussten ihre prallen Koffer (darinnen u. a. die mitzubringende Bettwäsche und Handtücher) mühsam durch Binz zum Bahnhof des »Rasenden Roland« buckeln und konnten erst während der romantischen und preiswerten Fahrt verschnaufen und Kräfte sammeln. Im Ostseebad Baabe schleppten sie mit immer länger werdenden Armen das Reisegepäck vom Bahnhof bis zum Quartier, um dann völlig entnervt und erschöpft im »Großen Zimmer« der Gartenlaube das Urlaubsdomizil einzurichten. Auch hier war die Urlaubsplanung mit der Vermieterin langfristig abzustimmen. Sie ließ sich vom Gemeindeamt die Urlauberliste bestätigen. Der Gast musste bei Ankunft den Eintrag ins Hausbuch tätigen und die Anmeldung bei der Gemeinde absolvieren, bevor er unter den gegebenen Bedingungen Urlaub machen konnte.

Damals waren die Straßen und Alleen der Insel relativ autofrei, während jetzt schier endlose Konvois von Pkw aller Art, Motorrädern, Wohnwagen und Lkw vom Festland über den Rügendamm oder mit der Autofähre Stahlbrode – Glewitz auf die beliebte Ferieninsel fahren. Das zwingt die Verkehrsteilnehmer zu erhöhter Aufmerksamkeit. So hat zumindest der Fahrer selten ein Auge für die Reize der Insel, die Alleen, die Ortschaften, deren Bauten und vieles andere mehr. Hinzu kommt erschwerend, dass das »liebste Spielzeug der Deutschen« – das Auto – auch einen Stellplatz braucht. Hiddensee-Reisende haben dafür gesorgt, dass z. B. Schaprode den größten Parkplatz auf der Insel Rügen angelegt hat. Besucher von Putgarten, Vitt und Kap Arkona werden bereits vor dem Ortseingang von Putgarten auf einen großzügig angelegten Parkplatz gelenkt und haben von dort aus die Möglichkeit, ihre Ausflugsziele per pedes, mit Fahrrad oder mit dem »Bähnle« anzusteuern. Diese Praxis wird ebenso in Binz für die Besucher des Jagdschlosses Granitz, in Hagen für die Besucher des Königsstuhls und an anderen stark frequentierten Ausflugsziele angewendet.

So hat eben jede Zeit ihre »Probleme« und man sollte sich nicht darüber erregen, wenn es nicht schnell genug geht, sondern einfach die Tage des Urlaubs genießen, die faszinierende Landschaft und die herrliche Natur bewusst erleben, die vielfältigen Möglichkeiten zum Besuch alter und auch neu geschaffener Sehenswürdigkeiten und Erlebnisbereiche intensiv nutzen und mit den Menschen ins Gespräch kommen. Dazu gehört auch der erholsame Aufenthalt am Strand, in der Sonne und in den Wellen der Ostsee. Durch bequeme öffentliche Verkehrsmitteln wie Ausflugsschiffe, moderne Fähren und Wassertaxis werden die eigenen Füße entlastet und geschont. Das besondere Erlebnis der Fahrt mit dem »Rasenden Roland« sollte ebenso genutzt werden.

Wer möchte, dass ihm die Welt zu Füßen liegt, wer in grenzenloser Freiheit die Insel aus luftiger Perspektive sehen will, der kann seit der Wende völlig unproblematisch in Güttin ein Kleinflugzeug chartern und je nach Geldbeutel, Flugtauglichkeit und Interesse einen Rundflug mit einem erfahrenen Piloten an der Seite realisieren.

Wer umweltbewusst ist, kann sich auch die Zeit nehmen zu wandern oder das mitgebrachte bzw. geliehene Fahrrad zu nutzen und sich so an frischer Luft zu bewegen. Dadurch kommt man auch an Orte und Wege, die für Autofahrer tabu sind, erlebt die Natur pur, tut etwas für sein seelisches und körperliches Wohlbefinden, spart Spritkosten und braucht keine Parkgebühren zu entrichten. Dabei kann jeder nach Belieben dokumentieren, was ihm besonders gefällt, ob mit Video- bzw. Fotokamera oder gar mit dem Zeichenstift, und so den Daheimgebliebenen zeigen, was er erlebt und gesehen hat, um sie ein wenig anzuregen, auch einmal auf Deutschlands größte Insel zu reisen.

Vielleicht weckt aber auch dieses Buch ihr Interesse an der Insel oder bietet Gelegenheit für Erinnerungen. Es weicht vom auf dem Markt befindlichen Angebot ab. Fotos, die vor der politischen Wende 1989 bzw. vor der Restaurierung und Neugestaltung aufgenommen wurden, stehen denen aus heutiger Sicht gegenüber. So soll der »Wandel der Insel Rügen« dem Betrachter deutlich gemacht werden. Er soll sich erinnern: an Zustände, die er schon vergessen hat, und an die gewaltigen Kraftanstrengungen zur Veränderung dieser. Nicht zuletzt aber soll das Buch zeigen, dass die Rüganer stolz sein können auf das, was sie in historisch kurzer Zeit geschaffen haben. Dieser Bildband folgt einer fiktiven Reiseroute vom Rügendamm (neuer Rügenbrücke) nach Altefähr, Putbus und Bergen, zu den bekannten und beliebten Badeorten an der Ostküste Sellin, Baabe und zurück in Richtung Nordosten, Binz, Mukran, Sassnitz, Breege, Naturpark Jasmund mit den Kreidefelsen, weiter zum Kap Arkona und zur Westküste mit der Wittower Fähre, Schaprode, Wittow, mit einem Abstecher nach Ralswiek, verweilt in Gingst, Trent und Ummanz, macht halt an Deutschlands ältester Fachwerkkirche in Landow, um dann die Insel über die neue Rügenbrücke über den Strelasund wieder zu verlassen.

Es gibt eine Unmenge an Fotos, die die Veränderungen aufzeigen, doch die Seitenzahl des Buches erfordert Beschränkung. Erst darin zeigt sich der Meister bzw. das Geschick der Cheflektorin. Und so bleibt zu hoffen, dass diesem Buch ein ähnlicher Erfolg beschieden sein wird, wie den bereits auf dem Buchmarkt befindlichen Bildbänden von Leipzig und Erfurt.

Luftiger Blick 2006 von Stralsund über die neue Rügenbrücke mit dem Pylon zur Insel Rügen, darunter der Ziegelgraben, Strelasund, die Insel Dänholm und der Rügendamm

Stralsund – Rügenbrücke – Altefähr

Heimweh nach Rügen

»O Land der dunklen Haine,
o Glanz der blauen See,
o Eiland, das ich meine,
wie tut's nach dir mir weh!
Nach Fluchten und nach Zügen
weit über Land und Meer,
mein trautes Ländchen Rügen,
wie mahnst du mich so sehr!«

Ernst Moritz Arndt

Ein herzliches Willkommen signalisiert die Hansestadt Stralsund den überwiegend mit Pkw anreisenden Urlaubern und Gästen, die die größte Insel Deutschlands besuchen, hier ihren Urlaub verbringen möchten sowie Land und Leute kennenlernen wollen, mit dem weithin sichtbaren Pylon der **Rügenbrücke**. Die von der ausgebauten Autobahn A 20 kommenden und über die Bundesstraßen B 105, B 96 und B 196 in Richtung Insel fahrenden Fahrzeuge sehen als Orientierungshilfe zuerst die lichtblaue Halle der Volkswerft Stralsund und daneben dann die Brücke. Parallel zum 1936 eröffneten Rügendamm mit Schienentrasse und einem breiten Fuß- und Radweg sowie mit der Ziegelgrabenbrücke, die fünfmal täglich für größere Schiffe geöffnet wird, wurde mit der Rügenbrücke der zweite Brückenschlag vom Festland zur Insel realisiert. Seit Sommer 2007 nimmt der Autoverkehr diesen Weg. Er wird, kurz vor dem Bahnhof »Rügendamm« auf die Fahrspuren in etwa 30 Meter Höhe konzentriert, in sanften Kurven über Häuser hinweg den Ziegelgraben und Strelasund überqueren und bei Altefähr auf die B 96 in Richtung Bergen/Sassnitz münden. Für die Beifahrer bietet sich bei

Linke Seite:
Die neue Rügenbrücke am 126 Meter hohen Pylon in Stralsund, 2006

Luftaufnahme des Rügendamms über den Ziegelgraben mit Ziegelgrabenbrücke, 1992 (oben) und im September 2006 mit der neuen Rügenbrücke (unten)

Altefähr: Haus Am Fährberg, Juni 2005 eingerüstet (oben). 2006 sind die Gerüste gefallen (unten).

der Fahrt über den 2 830 Meter langen Brückenzug zur Einstimmung ein reizvoller Blick von oben – beinahe wie aus dem Helikopter – auf Stralsund, den Rügendamm, die Segelboote und anderen Schiffe sowie auf die kleine Insel Dänholm und das Wasser des Strelasundes. Bei der Rückfahrt schaut man dann auf die Skyline von Stralsund mit ihren altehrwürdigen Kirchen, Hafenanlagen und dem neuen Wahrzeichen, dem 126 Meter hohen Pylon, an dem die Fahrbahn mit Stahlseilen aufgehängt ist. Auf der Rügenbrücke gibt es jedoch kein Halten, denn der Verkehr rollt ohne Unterbrechung von und zur Insel. 100 Millionen Euro stellte die Bundesregierung für dieses Bauwerk zur Verfügung. Wer sich dem Reiz der Fahrt durch die Lüfte verschließt, dem steht noch die Autofähre von Stahlbrode nach Glewitz zur Verfügung und natürlich kann man auch als Fußgänger und Radler die Personenfähre Stralsund–Altefähr nutzen, um auf die Insel zu gelangen.

Nach anstrengender Fahrt und dem einmaligen Erlebnis, über die kühne Brückenkonstruktion gefahren zu sein, bietet sich der kleine Ort **Altefähr** an, kurz zu halten, sich die Beine zu vertreten und die ersten Sehenswürdigkeiten der Insel Rügen in Augenschein zu nehmen. Die Häuser haben das DDR-Grau und den durch Mangelwirtschaft bedingten Verfall überwunden und strahlen nun saniert und mit Reet oder schönem Ziegelrot gedeckt dem Besucher entgegen. Die 2006 erneuerte Zufahrtsstraße »Am Fährberg«, der gestaltete Hafen und die Strandpromenade laden zum Verweilen ein. Die Segelschule Altefähr »Sail & Surf Rügen« mit ihren jungen Menschen, die sich auf dem Wasser tummeln und lernen, sich auf Surfbrettern oder in Segelbooten zu bewegen, sorgt für ein buntes und reizvolles Bild. 800 Meter Sandstrand entlang dem Strelasund und der Strandpromenade laden zum Sonnenbad und zum erfrischenden Sprung in den Strelasund ein. Bewegung und frische Seeluft machen Appetit und der Gast muss sich dann nur entscheiden: Soll es nur ein leckeres Fischbrötchen sein oder möchte er gar im Strandcafé richtig tafeln. Verschiedene gastronomische Einrichtungen bieten für jeden Geschmack etwas. Natürlich kann man auch Eis in vielfältigen Variationen genießen und so für innere Abkühlung sorgen.

Der Blick zum anderen Ufer auf die Silhouette der stolzen Hansestadt Stralsund mit dem schönen Panorama (jetzt ergänzt durch die moderne Rügenbrücke) verleitet Fotografen und Videofilmer immer wieder, diese einmalig schöne Ansicht zu dokumentieren. Je nach Sonnenstand und Lichtverhältnissen ergeben sich reizvolle Sichten, Schiffe im Vordergrund, Segelboote, die Fähre – unendliche Möglichkeiten der Bildgestaltung.

Doch bevor die Weiterfahrt in Altefähr startet, empfiehlt sich ein kurzer Blick zur St. Nikolaikirche. Bemerkenswert am Turm ist das zweifache Ziffernblatt der Uhr, das nicht mittig angebracht ist, sondern übereck am Turmrand die Zeit anzeigt. Auch die Innenausstattung lohnt einen mehr oder weniger intensiven Blick.

Altefähr: Strandpromenade, 1988 (oben) und 2006 (unten). Das Objekt ist heute zweigeteilt in »Eiscafé« und »Strandhaus Altefähr«.

Altefähr: St. Nicolaikirche, Turmuhr mit dem übereck angebrachten Zifferblatt

Der Wandel des Tourismus auf Rügen

Brigitte Thom

Der Tourismus hat eine lange Tradition auf Rügen. Schon 1911 hieß es im Reiseführer des Leipziger Verlages von Leo Woerl: »Die herrliche Insel Rügen in der Ostsee mit ihren starren, zerklüfteten Kreidefelsen, ihren rauschenden Wäldern und reizenden Städten, Ortschaften und Seebädern, mit den vielen Denkmalen aus urheidnischer Zeit ... gehört schon lange zu den besuchtesten Punkten Deutschlands. Sie ist die Perle der Ostsee.« Immer wieder wird sie in der historischen Reiseliteratur auch als »sagenumwobene« und »meeresumrauschte« Insel gerühmt. Landschaftliche Vielfalt, unberührte Natur und reizvolle Ausblicke faszinieren Reisende seit Jahrhunderten. Caspar David Friedrich regten sie zu seinen berühmten Gemälden von Rügener Landschaften (Wissower Klinken) und Johannes Brahms zur Komposition seiner 1. Sinfonie an. Ein echter Aufschwung in der Fremdenverkehrsentwicklung vollzog sich jedoch erst um die Wende zum 20. Jahrhundert mit der Errichtung des Rügendamms und der Eisenbahnverbindung. Darauf weist der genannte Reiseführer hin. »Durch die neue Fährverbindung Sassnitz – Trelleborg hat Rügen als Durchgangsland nach Schweden einen großartigen Verkehrsaufschwung gewonnen. Alle Badeorte haben sich in den letzten Jahren außerordentlich entwickelt, so daß der Reisende eine große Auswahl an vielbesuchten, aber auch an stilleren Bädern findet.« Stolz wird verkündet, dass 100 000 Gäste aus allen Weltteilen alljährlich ihren »Sommeraufenthalt« auf Rügen verbringen. Badeorte wie Binz galten als exklusive Urlaubsorte für gehobene Gesellschaftsschichten. Das kehrte sich nach dem Zweiten Weltkrieg völlig um.

Badefreuden zu DDR-Zeiten am Strand von Sellin

In der Zeit der ehemaligen DDR wurden die Besitzer der Fremdenheime und Hotels enteignet. Die Gebäude wurden zu einem großen Teil als Wohnungen für die vielen Nachkriegsumsiedler umgenutzt. Andere sind als Ferienunterkünfte verstaatlicht worden, so z. B. das bekannteste Hotel, das Kurhaus Binz, welches den staatlichen Reisebüros der DDR zugeteilt wurde. Einige Pensionen wurden von volkseigenen Betrieben oder vom Feriendienst des Freien Deutschen Gewerkschaftsbundes (FDGB) übernommen. Rügen blieb eines der beliebtesten Urlaubsziele an der Ostseeküste und wurde jetzt von Gästen aus allen Bevölkerungsschichten, insbesondere Werktätigen aus den industriellen Ballungsgebieten Sachsens besucht. In den siebziger und achtziger Jahren des 20. Jahrhunderts wurden in Binz, im größten Ostseebad der Insel, große FDGB-Ferienheimkomplexe errichtet, die 1 000 Mitarbeiter beschäftigten. Insgesamt hatte Binz 1986 beispielsweise 35 Ferienheime und ca. 8 000 Gästebetten. Der starke Saisonbetrieb führte zu grenzwertigen Spitzenbelastungen im Sommer, wenn sich ca. 15 000 Personen täglich im Badeort aufhielten. 1989, im letzten

Binz: Restaurant im Bahnhofsgebäude des »Rasenden Rolands«, 2006. Alles ist in Bahntradition gestaltet, sowohl die Speisekarte als auch die Kleidung der Bedienung (links).

Neukamp: Das Hotel und Restaurant »Nautilus« mit seiner Inneneinrichtung als Unterwasser-Tauchstation erinnert an Jules Vernes »Kapitän Nemo« (rechts; siehe S. 30).

Jahr vor der Wende, verzeichnete der Kreis Rügen 916 000 Urlauber. Der typische Gast reiste mit dem Zug an, ab Mitte der achtziger Jahre auch zunehmend mit dem Pkw, und erholte sich im Durchschnitt zwei bis drei Wochen am Strand. Badeurlaub und Camping waren die charakteristischen und beliebtesten Urlaubsformen.

Nach der Wende galt es, aus der gesellschaftlich organisierten Erholung einen marktwirtschaftlich funktionierenden Wirtschaftszweig Tourismus aufzubauen. Die großen Potenziale für die wirtschaftliche Entwicklung Rügens lagen vorrangig in diesem Bereich. In den anderen traditionellen Wirtschaftsbereichen Land- und Fischwirtschaft, Transport und Militär brachen die Arbeitsplätze weg. Privatisierung, Sanierung, Modernisierung und Ausbau vorhandener Ferieneinrichtungen standen im Vordergrund und wurden mit erheblichen staatlichen Mitteln subventioniert. Die Hotels des DDR-Reisebüros Kurhaus Binz, Kurhaus Sellin und das Hotel (heute »Nordperd«) in Göhren wurden von den Travel Charme Hotels übernommen, die großen FDGB-Komplexe in Binz wurden von der IFA-Ferienpark-Gruppe, der AG Hapimag und der Arkona-Rugard-Strandhotel GmbH übernommen. Sie alle gehören heute zu den beliebtesten Ferienhotels. Das Kurhaus Binz, das Strandhotel Rugard und das Grand Hotel Binz erhielten mit fünf Sternen die höchste Qualitätskategorie des Deutschen Hotel- und Gaststättenverbandes. Diese Klassifizierung erhielten auch das Hotel »Vier Jahreszeiten« in Binz, vor der Wende ein Betriebsferienheim, sowie das Cliff-Hotel in Sellin, vor der Wende eine Ferieneinrichtung des damaligen Ministeriums des Innern, die öffentlich nicht zugänglich war. Das Travel Charme Hotel Kurhaus Binz wurde beispielsweise 2005 durch Gäste des großen Reiseveranstalters TUI als beliebtestes Hotel auch im internationalen Maßstab gewählt. 70 Prozent der touristischen Unterkunftskapazitäten befinden sich heute in den traditionellen Bäderorten an der Ostküste von Thiessow bis Juliusruh. Der Hauptanteil ist nicht völlig neu entstanden, sondern basiert auf Modernisierung, Wiedernutzbarmachung und Ausbau vorhandener alter Pensionsgebäude. Schöner denn je und mit außerordentlicher Liebe zum Detail wurden die alten Fremdenheime und Pensionen im Stil der sogenannten Bäderarchitektur von ihren neuen Besit-

Ostseebad Baabe: Der Zeltplatz in Richtung Göhren mit seiner Romantik, 1983 (links), ist komfortablen Holzhäusern gewichen, 2006 (rechts).

zern, oft Erben der ehemaligen Eigentümer, restauriert und zu Hotels, Pensionen oder Appartementhäusern ausgebaut. Sehr deutlich lassen sich die Veränderungen am Wandel der Prachtpromenaden in den Badeorten Binz und Sellin erkennen.

Bei der Bäderarchitektur handelt es sich zwar nicht um eine einheitliche Architektursprache, da die Gestaltungselemente aus den verschiedensten Regionen Europas stammen, dennoch sind die zahlreichen filigranen Veranden, Loggien und Balkone an den Fassaden der Hotels und Pensionen sehr eindrucksvoll und verleihen den Orten ihren ganz eigenen Charme (Abb. S. 66 bis 69). Auch beim modernen Bauen wird diese Tradition wieder aufgegriffen und fortgeführt. Das Ostseebad Binz führt jährlich im September stolz die Tage der Bäderarchitektur durch. Dabei waren viele Gebäude vor der Wende zum großen Teil stark vom Verfall geprägt. Die als Wohnraum genutzten, jedoch ursprünglich nicht auf Winternutzung ausgerichteten Häuser, hatten provisorische Verkleidungen und Anbauten erhalten.

Daneben entstanden in den ländlichen Gebieten hervorragende Schloss- und Landhotels. Hervorzuheben sind beispielsweise die Schlösser Ralswiek, zu DDR-Zeiten als Pflegeheim genutzt, Spycker, vorher FDGB-Ferienheim, Boldevitz, Kartzitz, Tribbewitz, heute Reiterhof mit einer Trakehnerzucht, oder Neddesitz – heute ein Steigenberger Hotel –, Grubnow, Bohlendorf und Krimvitz. Über 20 vorwiegend dem Verfall preisgegebene Herrenhäuser und Schlösser wurden saniert und werden heute touristisch genutzt. Denkmalschutz und Tourismus begegnen sich hier in einer gegenseitig befruchtenden Weise.

Erheblichen Wandel erfuhr der Bereich des Campingwesens. Die 18 kommunalen Campingplätze Rügens mit ca. 26 000 Übernachtungsplätzen lagen alle unmittelbar an den Strand- und Uferbereichen von Ostsee oder Bodden. Sie waren daher sehr beliebt. Insbesondere in Baabe, Göhren, Drewoldke und Nonnewitz verbrachten vor der Wende an schönen Sommertagen 3 000 bis 4 000 Personen ihren Urlaub. Dabei überwog das Zelten. Nonnewitz war als FKK-Zeltplatz sehr gefragt. Die Plätze waren in der Saison ständig voll belegt. 70 Prozent der Kapazitäten blieben für Betriebe reserviert, die dauerhaft Wohnwagen und andere provisorische Leichtbauten auf den Campingplätzen etablierten. Weitere Kontingente wurden für tschechische Gäste vorgehalten, sodass wenig freie Kapazitäten verfügbar waren. Die Anforderungen an die Campingplätze waren nach der Wende völlig neu. Zum einen reisen die Camper heute mit größeren Fahrzeugen und Zelten an. Insbesondere Wohnmobile und Caravans drängen kleinere Zelte immer mehr in den Hintergrund. Den Ansprüchen an befestigte Stellflächen mit Strom- und

Binz: Hauptstraße, »Apart-Hotel«, mit der Bäderbahn vorbei an prächtigen Häusern, 2006

Wasseranschluss sowie an die Bereitstellung moderner Sanitäranlagen konnten viele Plätze aufgrund ihrer Lage in den Küstenschutzwäldern und auf Sanddünen nicht erfüllen. Auch die neuen gesetzlichen Regelungen aus dem Naturschutz- und Wassergesetz erforderten Rückbau und Neugestaltung. Im Rahmen der Privatisierung des Campingwesens entstanden in der Regel kleinere, moderne Anlagen. Einige Plätze wie in Glowe, Baabe und Groß Stresow verschwanden ganz. Gegenwärtig gibt es zwar mehr Camping- bzw. Caravanplätze, allerdings ist die Kapazität auf unter 10 000 Übernachtungsplätze gesunken. Ganz neu von einheimischen Existenzgründern aufgebaut wurden z. B. »Campingplatz Meier« in Binz oder Caravancamp »Ostseeblick« in Dranske. Sehr beliebt sind auch die von der Regenbogen AG betriebenen modernisierten Plätze in Nonnewitz und Göhren.

Augenfällige Veränderungen treten dem Besucher in den Ortsbildern entgegen. Ging man vor der Wende in den Ortszentren noch durch viele Straßen mit grauen Fassaden und löchrigen oder verformten Betonplatten-Gehwegen, so muss man heute konstatieren, dass sich alle Bäderorte zu ihrem Vorteil verändert haben. Straßen und Gehwege wurden erneuert, Seebrücken neu gebaut, Kurplätze saniert. Mit hohen staatlichen Förderungen konnten insbesondere die 16 staatlich anerkannten Seebäder und Erholungsorte ihre Infrastruktur verbessern. Die neu gestalteten Kurplätze in Binz, Göhren, Sassnitz oder die neue Seebrücke in Sellin sind heute beliebte Ausflugsziele. In Sellin entstand endlich

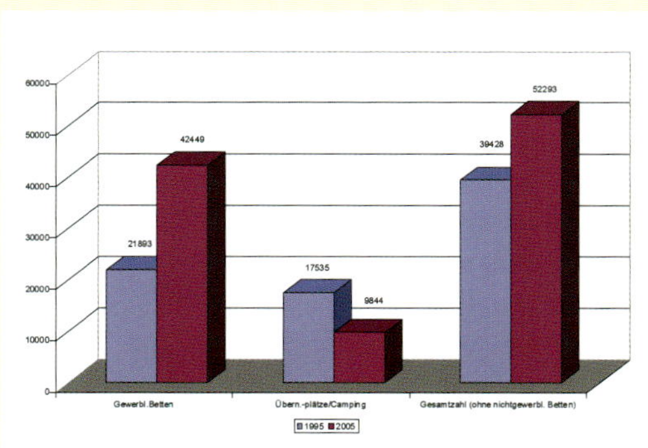

Entwicklung der Beherbergungskapazitäten

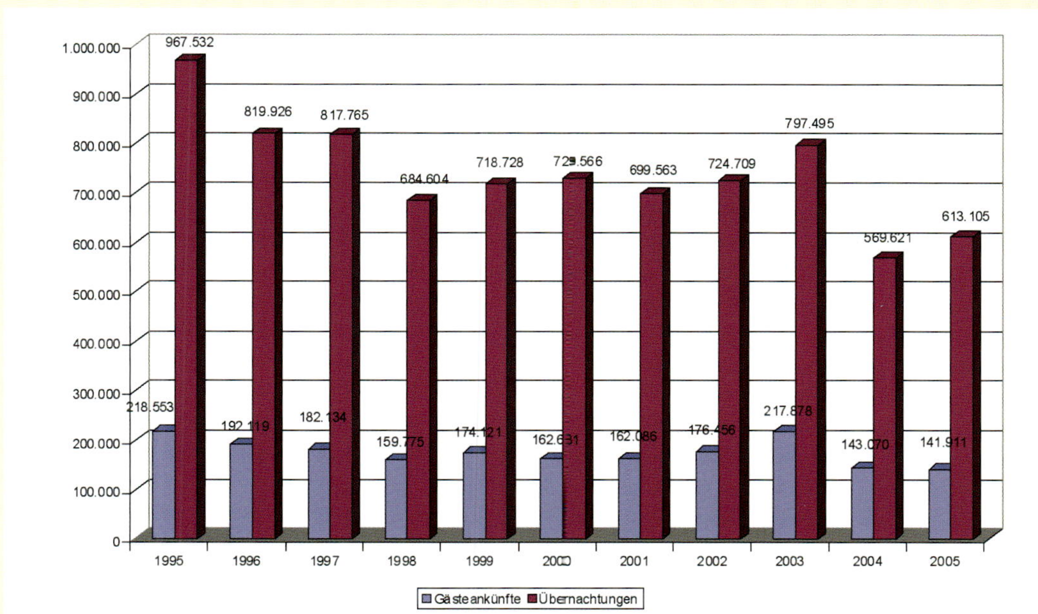

Entwicklung der Gäste und Übernachtungen auf Campingplätzen Rügens

Altefähr: Surfschüler auf dem Strelasund, 2005

das erste Hallenbad auf Rügen, das Erlebnisbad »Nemo«.

Überall sichtbar ist der Ausbau der touristischen Infrastruktur auf Rügen. Vorrangiges Anliegen des Kreises und der Kommunen ist es dabei, die vielfältige Natur- und Kulturlandschaft Rügens erlebbar zu machen. In den Nationalparks wurden moderne Informationszentren errichtet. Hervorzuheben ist das Nationalparkzentrum Jasmund. Über 250 Kilometer Radwanderweg wurde neu gebaut. Inzwischen ist Rügen an die Radfernroute »Ostseeküstenradwanderweg« angebunden. Aussichtstürme und Leuchttürme wurden rekonstruiert und für Touristen geöffnet, wie z. B. die beiden Leuchttürme am Kap Arkona, der Lotsenturm in Thiessow, der Rugard in Bergen und der Grümbke-Turm in Neuenkirchen. Völlig restauriert wurde das Jagdschloss Granitz, das jährlich etwa 250 000 Touristen besuchen.

Auch das kulturtouristische Angebot wurde erweitert. Es entstanden neben den regionalen Museen über die Heimatgeschichte eine ganze Reihe neuer Museen. Auf dem Flächendenkmal Arkona ist die Geschichte der Seenotrettung dargestellt, in Neddesitz informiert ein Kreidelehrpfad und ein kleines Kreidemuseum über die Geschichte des Kreideabbaus, in Sassnitz haben sich ein Hafen- und ein Unterwasserarchäologiemuseum dem maritimen Thema gewidmet, in Binz-Prora gibt es ein NVA-Museum und ein Dokumentationszentrum. Besonders hervorzuheben sind die Mönchguter Museen, die über einen Förderverein die Kulturgeschichte der Region ständig weiter aufbereiten und den Besuchern vielfältige Angebote zum aktiven Erleben der Geschichte des Mönchguts präsentieren. Ein Schmuckstück und Aushängeschild ist das sanierte kleine Residenztheater in der »weißen« Stadt Putbus, das zu den Spielstätten des Theaters Vorpommern gehört. Weit über Rügen hinaus bekannt ist inzwischen die 1994 neu gebaute Naturbühne in Ralswiek mit 9 000 Plätzen, auf der jährlich wieder die Störtebekerfestspiele aufgeführt werden.

Ganz neue Perspektiven gibt es heute für den maritimen Tourismus. Da die Ostsee vor der Wende Grenzgebiet war, fanden weder Ausflugsschifffahrten noch Segelregatten statt. Die 52 Häfen und Bollwerke waren marode. Inzwischen wurden die Häfen in Schaprode, Sassnitz, Sassnitz-Mukran, Putbus-Lauterbach, Wiek, Altefähr, Beege und Lohme saniert und ausgebaut. Ganz neu gebaut wurden die Marina in Lauterbach, die den höchsten Qualitätsansprüchen genügt, sowie ein Seglerhafen in Glowe. Auch die Fischer in den Hafenorten ergriffen die Chancen, Angel-, Ausflugs- und Charterfahrten werden allerorts angeboten; in Sassnitz wurden alte Fischkutter zu Ausflugsschiffen umgebaut. Sie bieten ihre Dienste inzwischen für viele Zwecke an, u. a. kann auf ihnen geheiratet werden.

Der Bauboom in den Bäderorten führte jedoch auch dazu, dass die zur Verfügung stehenden Flächen im Interesse der Wirtschaftlichkeit immer intensiver genutzt wurden. Die Areale der alten Villen und Hofbereiche wurden dicht bebaut. Mit wachsendem Bedarf wurden Wellnesskomplexe und weitere Bettenkapazitäten angebaut. Wege und Straßen wurden mit zunehmendem Verkehr erweitert und große Parkplätze angelegt. Das bedeutete ein weiteres Zurückdrängen ursprünglicher Natur. Bäume mussten gefällt werden und die Flächen

Radwanderung auf dem Deich bei Suhrendorf (Ummanz). Im Hintergrund links oben ist die Insel Hiddensee zu sehen, 2006.

für Neuanpflanzungen zur Kompensation des Grünverlustes wurden immer rarer. Begegnet werden sollte diesem Trend in den Bäderorten Binz, Baabe und Göhren mit der landschaftsgärtnerischen Neugestaltung von zentralen Promenaden. Als Außenstandorte der IGA 2003 in Rostock wurden z. B. im Ostseebad Baabe die zentrale Strandstraße gärtnerisch völlig neu gestaltet und bepflanzt, in Göhren der zentrale Kurplatzbereich an der Strandpromenade, die sogenannte Bernsteinpromenade, und in Binz ein Park der Sinne am Schmachter See geschaffen. Hunderte von Rhododendren blühen nun jedes Frühjahr neben anderen Blumen in diesem Park.

Mit den vielfältigen Erlebnisbereichen und Ausflugsangeboten auf Rügen ist der Verkehr auf den Straßen erheblich gestiegen. An Schlechtwettertagen in den Sommermonaten kommt es schon manches Mal zum Stau, wo nur eine Straßenverbindung aufgrund der geografischen Verhältnisse existiert, z. B. auf der B 196 in Richtung Mönchgut. Die Bewältigung dieses Problems wird auch weiterhin aktuell bleiben bzw. sich nach der Erweiterung der B 96 von der neuen Rügenbrücke nach Bergen noch verstärken.

Obwohl Rügen im Zeitraum von 1990 bis 2003 die am dynamischsten wachsende Tourismusdestination Deutschlands war, weisen stagnierende bzw. geringfügig sinkende Besucherzahlen von ca. 1,3 Millionen in den Jahren 2004 und 2005 auf eine erreichte Belastungsgrenze hin. Im Tourismus Rügens wird es künftig auch nicht mehr um quantitativen Ausbau gehen, sondern um weitere Qualitätsverbesserung und das im Sinne von Natur und Umwelt, aber auch zum Besten der Urlauber.

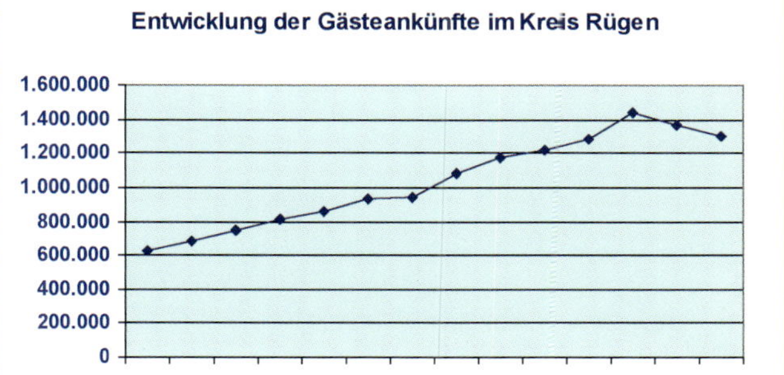

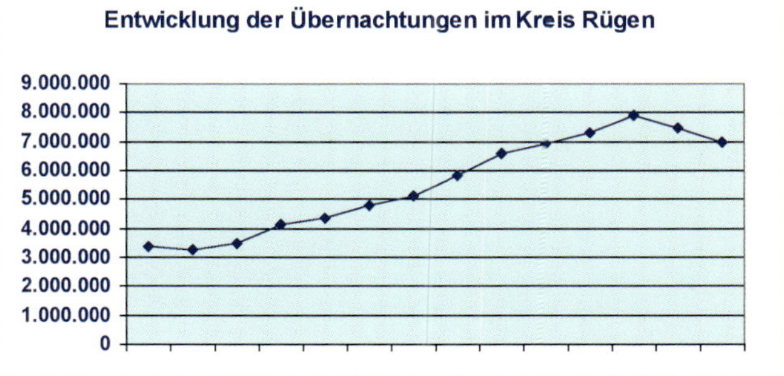

»Residenzstadt« Putbus

Putbus: säulengeschmückter Haupteingang des Theaters vor der Sanierung, 1990 und danach, 2006

Wir verlassen Altefähr, biegen nach rechts auf die B 96 Richtung Stralsund ab und ordnen uns an der kommenden Ampelkreuzung nach links ein, um der Ausschilderung nach Gustow – Poseritz – Garz zu folgen. Eine Sehenswürdigkeit in Gustow ist die auf dem dortigen Friedhof stehende sogenannte Mordwange.

Garz, die älteste und kleinste Stadt Rügens im Süden des Muttland genannten Inselkerns, empfängt den Gast relativ schnörkellos. Dominierend sind dort die überwiegend eingeschossig gebauten Häuser, die einen ländlichen Charakter vermitteln. Dabei wurde Garz bereits 1319 erstmals urkundlich erwähnt und hat seither Stadtrecht. Der zu besichtigende Burgwall ist einer der imposantesten in Deutschland und erinnert an die Burg Chorenza, wo 1234 die Gründungsurkunde der jetzigen Hansestadt Stralsund unterschrieben und gesiegelt wurde. Das 1936 gegründete Heimatmuseum im kleinen Klinkerhaus beherbergt das Ernst-Moritz-Arndt-Museum. Südlich von Garz, an der Kreuzung zwischen Poseritz und Groß-Schoritz, führt uns die von Baumreihen gesäumte Straße direkt bis zum sanierten Gutshaus mit dem Schriftzug am Giebel unterhalb des Bronzebildnisses *»Hier ist E. M. Arndt am 26. Dez. 1769 geboren«*. Im Erdgeschoss des Hauses ist der Sitz der Ernst-Moritz-Arndt-Gesellschaft e. V., Schautafeln erinnern an den großen Sohn der Insel. Faksimilies, wie z. B. die Handschrift »Der Deutschen Vaterland«, sowie Dokumente vermitteln Eindrücke über die Leibeigenschaft, gegen die Ernst Moritz Arndt leidenschaftlich kämpfte. Hier finden kulturelle Veranstaltungen statt und der kleine gepflegte Gutspark, der sich bis zum Nachbargrundstück und bis zum Weg vor den Feldern am Schoritzer Wiek erstreckt, lädt zum Spaziergang und zum Verweilen ein. Hier steht auch ein nach der Wende errichteter kleiner Aussichtsturm, von dem aus der Blick über die Felder und das glitzernde Wasser hinüber nach Zudar möglich ist.

Am Weg nach Glewitz, von wo aus die Autofähre zum Festland nach Stahlbrode pendelt und wo findige Gastronomen mit »dem letzten Fischbrötchen auf der Insel« werben, steht in Zudar die Wallfahrtskirche St. Laurentius. Die »parochia Szuder« wird 1318 erstmals urkundlich erwähnt. »Szuder« ist slawisch und bedeutet Gerichtsort. Ein Besuch der Kirche sollte zum Reiseprogramm gehören und ist lohnenswert. Auf dem Friedhof sind bemerkenswerte Grabsteine zu sehen.

Auf der Rückfahrt nach Garz und weiter nach Kasnevitz zieht uns erneut eine Allee in ihren Bann. Wie in einem Tunnel fährt man sonnengeschützt unter dem Laubdach und erreicht die weiße Stadt **Putbus**. Durch die Allee rollen wir bis zum Markt und stellen hier unser Fahrzeug ab. Blickfang ist das 1821 eröffnete fürstliche Sommertheater, das von 1991 bis 1998 sorgfältig und stilgetreu nach historischen Plänen restauriert wurde und jetzt seine Gäste empfängt. Vom Markt mit seiner Gedenksäule flanieren Einheimische und Gäste die Straße entlang, um zu dem nach italienischem Vorbild angelegten städtebaulichen Ensemble, dem Circus, zu gelangen. Im Zentrum dieses Prunkplatzes erinnert ein Obelisk an die Gründung der Stadt 1810 (1253 erstmals erwähnt). Rund um den Platz sind repräsentative Gebäude im klassizisitischen Stil mit abwechslungsreichen Details erbaut worden. Die am Circus beginnende schattige Kastanienallee mit gewaltigen Bäumen führt in den Schlosspark. Der ehemalige Marstall – nach der Wende auch als Festspielhaus kulturell genutzt – wurde saniert und wartet nun im Dornröschenschlaf auf ein entsprechendes Nutzungskonzept. Vom Denkmalsockel blickt der Stadtgründer Fürst Wilhelm Malte I. in Richtung des 1962 abgerissenen klassizistischen Schlosses und sieht nur noch die 2005/06 erneuerte

Linke Seite:
Die »weiße Stadt« Putbus: Mitte links der Markt mit Gedenksäule, an der Alleestraße das Theater, Mitte oben der Circus, rechts Teilansicht des Schlossparks mit Orangerie, Christuskirche und Wildgehege (unten), 2006

Putbus: der ungepflegte Circus mit Obelisk 1990 (oben); Blick von oben auf die restaurierte Anlage, 2005 (unten)

Pergola mit der einladenden Terrasse hinab zum reizvollen Schwanenteich. Der Besucher ist von der sorgsam gepflegten Anlage, den seltenen Gewächsen, der Blütenpracht und den mächtigen Bäumen in dem 75 Hektar großen Schlosspark beeindruckt. Etwa 70 Gehölzarten, davon 30 dendrologische Besonderheiten wie der Gingko- und der Urwelt-Mammut-Baum sind zu sehen. Immer wieder taucht in den Sichtachsen ein markantes Gebäude auf, so z. B. die Orangerie, die genau wie ihre Außenanlagen mit Liebe und Sorgfalt restauriert wurde.

Wenige Meter Spaziergang im Park und man erreicht die Schlosskirche, die ehemals 1846 als Kursalon errichtet und 1892 zur Kirche umgebaut wurde. Gleich anschließend öffnet sich der Blick auf das etwa 8 Hektar große Wildgehege, in dem sich Hirsche und Rehe tummeln. Gern lassen sich die Tiere füttern und Tierfotografen haben ihre helle Freude, besonders dann, wenn zur Brunftzeit die Geweihträger bei günstigem Licht und optimalem Standpunkt die Vorlage für beliebte Tierkalender bilden. Beim erholsamen Rundgang um das Wildgehege lädt dann die »Jägerhütte« zur Einkehr ein. Im entsprechenden Ambiente mit Ausstellungsstücken, Hochstand im Gastraum usw. kann man nach den vielen kulturellen Eindrücken auch etwas für das leibliche Wohl tun.

Wieder am Schwanenteich vorbei lockt das ehemalige Affenhaus und heutige Puppenmuseum zu einem Besuch.

Das Fahrzeug wird am Markt gestartet. Nach einem Zwischenhalt am Bahnhof mit den wartenden, ankommenden oder abfahrenden Zügen der Rügenschen Kleinbahn, die bereits über 100 Jahre als »Rasender Roland« zwischen Lauterbach und Göhren pendelt, und mit den moderneren Connex-Zügen, rollen wir die Lauterbacher Chaussee hinab. Wir biegen in den Wreechener Weg ein, erleben wieder eine originale Rügener Allee, um dann anstelle von Kuhställen die einladende Hotelanlage »Wreechener Hof« am Wreechensee zu sehen.

Putbus: das Theater von 1821 vor der aufwendigen Sanierung, 1984 und danach, 1998 (Ansicht Ecke Markt/Alleestraße)

Putbus: Die Terrasse zum Schwanenteich am ehemaligen Schloss, 1992 (oben) wurde 2005/06 saniert und die Pergola neu errichtet.

Putbus: Der Marstall im Schlosspark bot bis zur Sanierung nach der Wende ein schlimmes Bild, 1990 (oben); restauriertes Gebäude, 2005 (unten).

Putbus: Orangerie (Parkseite) vor der Sanierung, 1990

Weiter südlich geht es über die erneuerte, aber heute noch »Holperbrücke« genannte Brücke, die die Verbindung von Wreechensee und Rügischem Bodden darstellt. Hier empfängt Neukamp den Rügenbesucher. Aus »Kleine Fischerin« mauserte sich Hotel & Gaststätte »Nautilus«. Alles darin erinnert an Jules Verne. Man fühlt sich wie in einer Unterwasser-Tauchstation. Messingrohre, Armaturen, Taucherutensilien, Steuerräder, farbiges Licht, Bullaugenfenster und dazu das große Meerwasser-Aquarium sorgen für ein maritimes Flair. Beim Heraustreten ins gleißende Sonnenlicht reibt man sich die Augen und schaut von einem kleinen Badeplatz mit feinem Sand über den Rügischen Bodden zur Insel Vilm.

Die Tour führt weiter über eine Allee mit bis zu 28 Meter hohen Sommerlinden nach Lauterbach. Hier lag zu DDR-Zeiten die Staatsyacht im Hafen, um die Angehörigen der Partei- und Staatsführung zur Insel Vilm zu schippern. Auf Vilm hatten sie, abgeschirmt von der Bevölkerung, ihre Urlaubshäuser, ihren eigenen Sandstrand und ein urwaldähnliches Biotop. Nach 1989 gab es mannigfaltige Überlegungen zur Nutzung des Naturparadieses. Dank umweltbewusster Rüganer ist Vilm zur Naturschutzinsel erklärt worden. Maximal 30 Personen pro Tag können mit dem Schiff von Lauterbach zur Insel übersetzen. Im Rahmen einer geführten Wanderung wird ihnen das einzigartige Refugium gezeigt. Das Anlegen von Segel- und anderen Booten am Ufer der Insel ist untersagt. Wer es nicht schafft, einen Platz für die Überfahrt zu buchen, kann mit den beliebten Schiffstouren »Rund um Vilm« der Insel näherkommen.

Auch der Hafen von Lauterbach wurde modernisiert, Arbeiten für die weitere Ausgestaltung der Hafenanlagen und des Umfeldes finden statt, um dieses Ziel für Urlauber schön und ansprechend zu gestalten. Unser Spaziergang führt vom Hafen aus, am Bahnhof des »Rasenden Rolands« vorbei zu der angrenzenden Marina »Im Jaich«. Segel- und Rudersportler haben hier großzügige Liegeplätze und optimale Ausgangspositionen für Unternehmungen im Rügischen Bodden. Fotofans kommen da ebenfalls auf ihre Kosten.

Als erstes mondänes Badehaus auf der Insel Rügen am Rande des Naturschutzgebietes Goor ließ Fürst Wilhelm Malte I. 1818 das säulengeschmückte fürstliche Badehaus Goor (Abb. S. 65) errichten. Seit 2003 haben hier Bauleute und Handwerker das Sagen. Neben der dringend notwendigen Sanierung der Gebäudesub-

Putbus: Orangerie (Parkseite) nach der Sanierung, 2005

stanz werden die Pläne zur Modernisierung und Erweiterung des Badehauses Goor umgesetzt. Nach der Wiedereröffnung können betuchte Gäste sich tummeln und wohlfühlen.

Über den Vilmnitzer Weg kommen wir nach Vilmnitz. Es ist die Kirche St. Maria Magdalena, die einen Besuch lohnt. 1999 fand die 750-Jahrfeier statt. Der hoch aufragende quadratische Turm wurde 1967 bis 1969 mit Zedernholzschindeln gedeckt. Im Innenraum ziehen der prachtvolle Hochaltar und die Kanzel, ebenfalls mit sehr vielen interessanten Details, die Blicke auf sich. Mehr Zeit braucht man, um die vier gewaltigen Epitaphe im Chorraum zu betrachten. Hierzu liegt eine ausführliche Beschreibung in der Kirche aus, die gegen eine Spende zu erhalten ist. In Höhe der Kanzel befindet sich der Zugang zur Gruft mit 27 Prunksärgen der Putbuser Fürstenfamilie. Diese Gruft kann nur zu besonderen Zeiten besichtig werden. Ganz Neugierige können vom Friedhof aus durch ein Lüftungsloch schauen und im Halbdunkel einige der dort abgestellten Särge erkennen.

Auf dem Friedhof, schlicht und unauffällig, befindet sich das Grab des Leipziger Reclam-Verlegers Hans Marquardt. Eine Stele mit dem handschriftlichen Namenszug erinnert an ihn. Unweit davon ist die Grabstätte von Franz-Wilhelm Fürst zu Putbus (geboren am 28. Mai 1927, gestorben am 5. April 2004).

Das kleine Angerdorf verlassen wir westwärts, um auf der Landstraße nach wenigen Metern nach rechts abzubiegen und ein kurzes Stück parallel zum Schienenstrang der Rügenschen Kleinbahn bis nach Posewald zu fahren. Hier am Haltepunkt des »Rasenden Rolands« finden sich begeisterte Film- und Fotofreunde ein, um wunderschöne Aufnahmen zu machen. Echte Fans, wie ein Brite im Sommer 2006, reisen eben von Insel zu Insel, um dann daheim zu zeigen, was man auf Deutschlands größter Insel sehen und erleben kann. Interessant ist die Kreuzung von Landstraße und Radweg mit den Bahnschienen. Ebenfalls neu angelegt wurde der Radweg parallel zur Straße nach Zirkow. Während die Autos und Motorräder unter dem Laubdach der alten Bäume fahren, treten die Radler noch im Sonnenschein in die Pedale.

In Zirkow mit dem interessanten Museumshof und der sehr zu empfehlenden Gaststätte »Zur Kutscherstube« biegen wir nach links auf die B 196 ein und steuern die Inselhauptstadt Bergen an.

Vom Medizinischen Zentrum zur Gesundheitsinsel Rügen

Gert Liebling

Mehr als 15 Jahre liegen die Ereignisse des 9. November 1989 zurück, mit denen sich binnen kurzer Zeit fast alles in der ehemaligen DDR verändert hat. Als ein wesentlicher Teil des gesellschaftlichen Lebens blieb davon auch das Gesundheitswesen nicht ausgenommen, das nicht ganz berechtigt von vielen Vertretern der heutigen Gesundheitspolitik global als schlecht dargestellt wird. Besondere Kritikpunkte sind die »Staatsmedizin« und die sozialistische Planwirtschaft. Bemerkenswert ist, dass diejenigen glauben, sich ein Urteil darüber bilden zu können, die dieses Gesundheitswesen nie hautnah erlebt und gestaltet haben. Durch diese pauschale Missachtung, die letztlich in eine Schuldzuweisung an den bestehenden Verhältnissen mündet, erfahren die unter erschwerten Bedingungen erbrachten Anstrengungen und Leistungen der Beschäftigten im Gesundheitswesen eine Herabwürdigung, die so nicht gerechtfertigt ist. Diese Bemerkungen sollen aber nicht beschönigen, dass im Gesundheitswesen der Insel/des Landkreises Rügen vieles im Argen lag, wie es ein Rückblick auf die Vorwendezeit belegt. Denn nur hieran kann der Wandel sichtbar gemacht werden.

Für die medizinische Versorgung der ca. 80 000 Bewohner, der mehr als 10 000 hier stationierten Soldaten und der bis zu 100 000 Urlauber täglich während der Saison standen zwei Krankenhäuser in den Städten Bergen und Sassnitz zur Verfügung, die eine Grund- und Regelversorgung trotz knapper Ressourcen garantierten, wenn auch nicht immer in einer den neuesten wissenschaftlichen Erkenntnissen entsprechenden Qualität. Zwei Polikliniken mit allen wichtigen Fachrichtungen, in Bergen und Sassnitz, sowie zwei Stadt- und fünf Landambulatorien in den einzelnen Versorgungsbereichen waren für die ambulante Versorgung zuständig. Ihnen waren staatliche Arztpraxen und Gemeindeschwesternstationen zugeordnet, ergänzt durch den Polikliniken angeschlossene Beratungsstellen für Schwangere und Mütter, Diabetiker, Krebskranke, chronisch Herz- und Nierenkranke sowie mobile Einrichtungen zur Früherkennung von Krebs- und Lungenkrankheiten und Zahnerkrankungen im Kindesalter. Ein organisierter Hausbesuchsdienst in den einzelnen Versorgungsbereichen, ärztliche Betreuung der Kinderkrippen und Heime und ein in Eigeninitiative und freiwilliger Arbeit umgebauter Sanitätskraftwagen als Rettungswagen rundeten die ambulante Versorgung ab. Dabei sollte nicht in Vergessenheit geraten, dass all diese Leistungen für die Patienten kostenfrei waren.

Die genannten Einrichtungen wurden unter Einbeziehung der Apotheken, Krippen und Heime im Jahre 1980 auf Beschluss der politischen Entscheidungsträger Rat des Bezirkes Rostock, Rat des Kreises und Kreisleitung der SED zum »Medizinischen Zentrum Rügen« zusammengefasst und unter die Leitung eines Direktorates gestellt, welches den politischen Entscheidungsträgern gegenüber rechenschaftspflichtig war. Konnten bis dahin couragierte und tolerante Chefärzte, alle parteilos, den Einfluss von Partei und Mitarbeitern des MfS in Grenzen halten, bestimmten jetzt in der Mehrheit parteiergebene Kader, ein hauptamtlicher Parteisekretär und ein Gewerkschaftsfunktionär die Gestaltung des Gesundheitswesens und der Arbeitsabläufe, um die Plankennziffern zu erfüllen bzw. überzuerfüllen, was angesichts der knappen Ressourcen höchste Anstrengungen erforderte. Dennoch mussten nicht alle leitenden Mitarbeiter einer der Blockparteien angehören, was dadurch unterstrichen wird, dass kurz vor der Wende die Hälfte der Chefärzte und Abteilungsleiter und etwa drei Viertel aller Oberärzte und Stationsschwestern parteilos war.

Sparsamkeit war angesagt. Verbandsstoffe wurden aus Ballenmaterial hergestellt, gebrauchte Spritzen und Kanülen, Gummihandschuhe, Binden, zur Knochenbruchbehandlung eingesetztes und nach Ausheilung entferntes Metall wurden nach entsprechender Aufarbeitung einer Wiederverwendung zugeführt, hochwertige Arzneimittel und Einwegmaterial standen nur auf begründete Einzelanforderung zur Verfügung. Die Liste ließe sich sicher noch vervollständigen, sie besitzt aber auch in dieser Form bereits genügend Aussagekraft.

Hinsichtlich der baulichen Substanz und der technischen Ausrüstung fühlt man sich an den ehemaligen Reichskanzler Otto von Bismarck erinnert, dem nachgesagt wird, dass er seinen Lebensabend in Mecklenburg-Vorpommern verbringen wollte, da dort alles 50 Jahre später komme. Ambulatorien und staatliche Arztpraxen waren zweckmäßig, aber ohne großen Komfort eingerichtet. In der Poliklinik Bergen (vier Etagen) gab es keinen Fahrstuhl, als Wartezimmer dienten lange Flure, in denen sich bis zu 50 Patienten gleichzeitig aufhielten.

Das Krankenhaus Bergen war zergliedert. Die verschiedenen Funktionsbereiche, untergebracht in einzelnen Gebäuden der Bettenhäuser, des Kinderhauses, des Labors, der Verwaltung und der technischen Gebäude, wurden durch einen großen Hof miteinander verbunden. Alle Wege für Kranke, ob zu Fuß oder auf der Transportliege, für Schwestern, Ärzte und Besucher führten über den Hof – unabhängig von der Wetterlage. Die Chirurgische Klinik war zusammen mit der Röntgenabteilung, der Küche und einem Teil der Verwaltung in dem 1862 fertiggestellten ersten größeren Krankenhaus Rügens untergebracht.

Für die Patienten standen vorwiegend Säle für zehn bis zwölf Betten mit zwei Waschbecken zur Verfügung. Sanitärzellen gab es nicht, oben und unten offene Reihentoiletten befanden sich im »unreinen« Arbeitsraum der Station und erlaubten eine mehr oder weniger zwanglose Kommunikation der Patienten, an der auch das Pflegepersonal teilhaben konnte. Schwestern und Ärzte teilten sich einen Schreibtisch im gemeinsamen Dienstzimmer. Ähnlich war die Situation für die anderen Kliniken, die im 1961 fertiggestellten »Neuen Bettenhaus« ihr Domizil fanden, wobei sich allerdings nur noch sechs Patienten ein Zimmer mit einem Waschbecken teilen mussten. Dazu wurden Zimmer noch in zwei Baracken, die erst 1988 einem Neubau wichen, eingerichtet, in denen sich die Patienten durch die Wände unterhalten konnten und mit unerwünschtem Besuch von Ratten und Mäusen zu rechnen hatten.

Bezüglich der diagnostischen und therapeutischen Möglichkeiten steckten Ultraschall, Gelenk- und Organspiegelungen noch in den Kinderschuhen, Computertomografie (CT) bzw. Magnet-Resonanz-Tomografie (MRT) standen nicht zur Verfügung. Der Einsatz künstlicher Gelenke sowie endoskopische Operationen, sogenannte Schlüsselloch-Chirurgie, waren noch nicht möglich. Ebenso wurde eine eigene intensivmedizinische Einrichtung nicht vorgehalten. Dass trotzdem eine gute, wenn auch nicht immer optimale medizinische Hilfe geleistet wurde, ist dem Engagement, dem Improvisationsvermögen und dem Verantwortungsbewusstsein der Mitarbeiter zu verdanken.

Was hat sich nach den Ereignissen vom 9. November 1989 und dem Beitritt der ehemaligen DDR zur Bundesrepublik Deutschland im Gesundheitswesen der Insel Rügen gewandelt? Natürlich kann das nicht losgelöst von den grundlegenden Veränderungen gesehen werden, die da sind: Übergang von der Diktatur in die Demokratie, Ablösung der sozialistischen Planwirtschaft durch die freie Marktwirtschaft, Änderungen der Verwaltungsstrukturen, des Rechts-, Bildungs- und Gesundheitswesens, Umstellung der Währung, Stärkung der Eigenverantwortlichkeit, Verabschiedung von der Vollbeschäftigung, Verbesserung der Fortbildungs- und Reisemöglichkeiten, ein nicht gekanntes Warenangebot mit der Gefahr der Schuldenfalle sowie neue Versicherungssysteme, um nur einige zu nennen. Diese erforderten von der Bevölkerung eine hohe Lernbereitschaft, mehr Flexibilität, Änderungen des bisherigen Lebensrhythmus und viel Geduld, aber auch die Tolerierung einschneidender persönlicher Belastungen. Skepsis gegenüber den »blühenden Landschaften« und eine verhaltene Euphorie waren keine schlechten Berater.

Mit der Wende löste sich das »Medizinische Zentrum Rügen« auf. Die Ärzte in den Ambulatorien und staatlichen Arztpraxen gingen in die freie Niederlassung, wobei sie weitgehend ihre bisherigen Einrichtungen weiter nutzen und ohne Zeitdruck modernisieren konnten. Die Gemeindeschwesternstationen wurden aufgelöst. Nach einer Übergangsfrist von wenigen Jahren wurden die Polikliniken – übrigens keine Erfindung der DDR – geschlossen. Den zumeist in der zweiten Hälfte ihres Berufslebens stehenden Ärzten blieb nur die Alternative der freien Niederlassung, verbunden mit der Einrichtung eigener Praxisräume. Je nach Berater mussten sie sich mehr oder weniger verschulden – ohne realistische Aussicht, mit Beendigung des Berufslebens die Schulden getilgt zu haben. Finanzielle Rücklagen konnten aus dem bisherigen Angestelltenverhältnis kaum gebildet werden. Unzureichende Kenntnisse mit dem Abrechnungssystem der Krankenkassen und den marktwirtschaftlichen Mechanismen verursachten zusätzliche Probleme. Mit der Schließung der Polikliniken stellten auch die Beratungsstellen ihre Tätigkeit ein.

Ostseebad Göhren: Aus dem Ärztehaus, Nordperdstraße (1990), ist nach umfassender Sanierung ein ansehnliches Appartementhaus – Villa »Burgfrieden« – geworden, 2006.

Was sollte mit den Krankenhäusern werden, die sich in kommunaler Trägerschaft befanden und erfahrungsgemäß den Haushalt sehr belasten? Der erste frei gewählte Landrat, der sich als Mitglied der Block-CDU zwar von seiner Ideologie, nicht aber von seiner Partei verabschieden musste, hatte die Zeichen der Zeit sehr schnell erkannt und sich für eine Privatisierung der Krankenhäuser stark gemacht, zumal es mit dem Sana-Klinikenverbund mit Sitz in München und dem Diakonischen Werk in der Pommerschen Evangelischen Landeskirche in Greifswald Interessenten gab. Den Zuschlag erhielt der Sana-Klinkenverbund, da er das bessere Konzept und die bessere finanzielle Sicherstellung vorweisen konnte. Zudem wollten sich die Mitarbeiter nach jahrelanger »roter« nicht in eine »schwarze« Abhängigkeit begeben.

So wurde am 1. September 1991 die Sana-Krankenhaus Rügen GmbH gegründet. Es war der erste Übergang eines kommunalen Krankenhauses in private Trägerschaft in Mecklenburg-Vorpommern. Spätestens jetzt hatte die Meinung Bismarcks (s. o.) ihre Aktualität verloren. Der Sana-Klinikenverbund wollte unter Beweis stellen, dass auch in den neuen Bundesländern eine gute medizinische Versorgung der Patienten und die wirtschaftliche Führung eines Krankenhauses kein Gegensatz, sondern die wichtigste Grundlage für eine moderne Krankenhausführung ist. Dabei sollten primär die baulichen Voraussetzungen für eine bessere Unterbringung der Patienten geschaffen werden.

Die nun folgende Entwicklung vollzog sich in fast atemberaubendem Tempo. 1992 wurde der vor der Wende begonnene Neubau eines Bettenhauses nach modernen Gesichtspunkten beendet. Neue Bettenstationen für die Medizinische Klinik, eine Dialyseeinrichtung, eine internistische Intensivstation, die Notaufnahme und die Krankenhaus-Apotheke konnten hier ihre Arbeit aufnehmen. Außerdem wurden in einem Anbau ein Mitarbeiterrestaurant sowie ein Versammlungs- und ein Andachtsraum geschaffen. Von 1993 bis 1994 wurde das »Neue Bettenhaus« dem neuesten Standard entsprechend umgebaut und erhielt eine Kinderabteilung, Betten- und Funktionsräume der Medizinischen, der HNO- und der Frauenklinik sowie das Zentrallabor und andere Funktionsbereiche.

Nach umfangreichen Abrissarbeiten erfolgte 1994 die Grundsteinlegung für zwei neue Bettenhäuser. Nach deren Einweihung 1996 konnten hier die Chirurgische Klinik und Teile der Medizinischen und Frauenklinik, die Krankenpflegeschule, Facharztpraxen und medizinische Fachgeschäfte einziehen. Der ehemalige Hof wurde in eine begrünte Halle mit Glasdach einbezogen. Diese Halle verbindet die einzelnen Gebäude einschließlich des noch im Bau befindlichen neuen Funktionstraktes und schafft mit einer Cafeteria einen großen wetterfesten Ort der Begegnung zwischen Patienten, Krankenhauspersonal und Besuchern.

Mit der Fertigstellung des neuen Funktionstraktes, in dem sich die Notaufnahme, eine Röntgenpraxis mit CT und MRT, eine Endoskopie-Abteilung, der zentrale und der ambulante Operationstrakt, die fachübergreifende Intensivtherapie-Abteilung, der Kreißsaal, die zentrale Sterilisation, die Dienst- und Behandlungszimmer der Chef- und Oberärzte, die zentrale Bettenaufbereitung, die Küche, die Werkstätten und das Materiallager befinden, ist innerhalb von nicht einmal zehn Jahren eines der modernsten Krankenhäuser Deutschlands entstanden, das alle neuesten diagnostischen und therapeutischen Möglichkeiten, vorbildliche Aufenthaltsbedingungen für die Patienten in freundlichen Vier-, Zwei- und Einbettzimmern und optimale Arbeitsbedingungen für die Mitarbeiter bietet. Mit der Ansiedlung von Facharztpraxen, medizinischen Fachgeschäften, Bildungseinrichtungen und Beratungsstellen, der Öffnung des Krankenhauses für Fachambulanzen und »ambulante Operationen mit stationärer Sicherheit«, der Einrichtung eines der ersten stationären Hospize in Deutschland, einer Kurzzeitpflegestation und eines ambulanten Pflegedienstes profilierte sich die Sana-Krankenhaus Rügen GmbH zum Lehrkrankenhaus der Universität Greifswald und zum Gesundheitszentrum der Insel Rügen. Dabei übernahm es eine gute Tradition aus dem Gesundheitswesen der DDR, das in vielen Krankenhäusern Polikliniken für alle medizinischen Bereiche eingerichtet hatte.

Unter marktwirtschaftlichen Prinzipien hatte diese rasante Entwicklung auch ihren Preis. Das Krankenhaus in Sassnitz musste aufgegeben werden, wobei den Mitarbeitern jedoch ein Arbeitsplatz in Bergen angeboten wurde – in anderen Bereichen nicht selbstverständlich. Um die Personalkosten, die den Hauptanteil an den Gesamtkosten ausmachen, zu senken, wurden ganze Bereiche ausgegliedert: Wäscherei, Küche, Reinigungs- und Transportdienste, Medizintechnik und technischer Bereich wurden in Tochterunternehmen des Sana-Klinikenverbundes integriert. Die Röntgenabteilung wurde in eine radiologische Praxisgemeinschaft umgewandelt. Für die jeweiligen Mitarbeiter bedeutete dies Kündigung und Neubewerbung unter schlechteren Rahmenbedingungen. Darüber hinaus erfolgten die Reduzierung der Arbeitszeit für die Mitarbeiter im Labor, in der Physiotherapie, in der Verwaltung, zum Teil auch im pflegerischen Bereich, die Einführung eines Haustarifes, die Reduzierung des Urlaubs- und Weihnachtsgeldes sowie der biologisch bedingte Abbau von Arbeitsplätzen. Zu betriebsbedingten Kündigungen kam es nur in Ausnahmefällen. Wurden anfangs diese Maßnahmen toleriert, macht sich in letzter Zeit Unmut breit, der angesichts der steigenden Anforderungen an die Leistungsbereitschaft bis hin zu Streikandrohungen geht. Zu DDR-Zeiten bestimmten Planauflagen die Haushaltslage der Einrichtung, heute sind es die Budgetvorgaben der Krankenkassen. Beiden gemeinsam sind die knappen Ressourcen. Vergleichsbewegung sollte damals, »banch marking« soll heute u. a. eine wirtschaftliche Verwendung der zur Verfügung stehenden Mittel kontrollieren.

Sind mit dieser Entwicklung »die Mühen des Gebirges« überwunden, so wollen »die Mühen der Ebene«, wie es Bertolt Brecht formuliert hat, noch überwunden werden, denn politische Vorgaben erfordern immer mehr Wirtschaftlichkeit und Effizienz – bei gleichzeitig hochqualifizerter Patientenversorgung. Das setzt eine noch weitere Verbesserung der Zusammenarbeit zwischen dem stationären und ambulanten Bereich voraus. Einen entscheidenden Beitrag für ein engmaschiges Versorgungsnetz stellt die Gründung des Vereins »Gesundheitsinsel Rügen e.V.« im Jahre 2004 dar, eine Dachorganisation, die eine enge Zusammenarbeit aller Leistungsanbieter im Gesundheitswesen, von der Arztpraxis bis zur Rehabilitationseinrichtung, unter Einbeziehung des Tourismusverbandes, der Kreisverwaltung und der Krankenkassen sowie von Hotels, Kindergärten und Schulen anstrebt. Dadurch können die Millionen Gäste, die Jahr für Jahr auf die Insel Rügen kommen, ihren Urlaub mit Angeboten für ihre Gesundheit kombinieren. Genannt seien hier nur Ferien-Dialyse, der Gesundheitscheck für Manager und Gestresste sowie die Urlaubs- und Verhinderungspflege für Familien mit behinderten Kindern. Weitere Projekte sind ein Asthma-Management bei Kindern, ein Adipositas-Programm, das sich an übergewichtige Kinder und Jugendliche richtet, und ein Projekt zur Tinnitusdiagnose und -therapie.

Wird heute in Kreisen der Gesundheitspolitiker noch über das Für und Wider von medizinischen Versorgungszentren gestritten, da ihnen das negative Image der DDR-Polikliniken anhaftet, nimmt das Gesundheitswesen auf der Insel Rügen mit dem Projekt zur »Gesundheitsinsel«, das sich eine noch bessere qualitätsgerechte medizinische Versorgung und einen Ausbau des Gesundheitstourismus zum Ziel gesetzt hat, eine Vorreiterrolle in Deutschland ein. Lässt man die politischen Gegebenheiten zu DDR-Zeiten unberücksichtigt, ergeben sich durchaus Parallelen zwischen Medizinischem Zentrum und Gesundheitsinsel, jedoch auf höherem Niveau. Der Wandel ist unverkennbar; ein Zurück steht nicht zur Diskussion!

Wiek: AOK-Klinik Rügen. Die typischen weißen Häuser mit Durchgang zum Strand am Wieker Bodden, 2006

Inselhauptstadt Bergen

Die Hauptstadt Bergen liegt gewissermaßen im geografischen Mittelpunkt der Insel. Vielfältige Möglichkeiten der touristischen Erschließung, des Stadtbummels, Einkaufens, der sportlichen Betätigung und Nutzung der kulturellen Angebote, aber auch des Einkehrens und kulinarischen Genießens bieten sich dem Gast an. Auf den ersten Blick dominiert der Markt mit dem Rathaus und der neu gestalteten Brunnenanlage. Dann zieht allerdings das älteste Fachwerkhaus Rügens den Blick auf sich und wer einen Moment Zeit hat, bewundert bei günstigem Sonnenstand die vielen wunderschönen Details, einen Nachweis des handwerklichen Könnens unserer Vorfahren. Das Benedix-Haus ist zugleich Anlaufpunkt für die Gäste – die Touristinformation hilft bei allen Fragen weiter. Auf dem Balken über dem Eingang ist zu lesen, dass das Benedix-Haus nach dem großen Stadtbrand 1538 wieder aufgebaut worden ist. Der Glockenschlag von St. Marien macht auf den imposanten Backsteinbau mit hoch aufragendem Turm aufmerksam. Wer auch hier ein wenig verweilt und sich das Ziffernblatt am Turm zur Marktseite genau ansieht, kann eine kleine Kuriosität entdecken: Seit 1963 sind hier nicht 60 Punkte, also Minuten für eine Stunde, sondern 61 zu sehen. Die älteste Kirche Rügens mit Baubeginn um 1180 hat jedoch noch mehr Sehenswertes zu bieten. Außen ist der im Mauerwerk eingebundene slawische Grabstein ein beliebtes Fotomotiv. Außergewöhnlich im Innern sind die Ende des 19. Jahrhunderts freigelegten und wiederhergestellten spätromanischen Wandmalereien. Mit großem Aufwand wurde der Klosterhof neu gestaltet und bietet Platz für kulturelle Veranstaltungen, für Schauwerkstätten, zum Shoppen und zum Spielen. Der Wanderatlas Rügen von 1989 vermeldet, dass hier von dem 1600 errichteten Klostergebäude nur ein Rest des Refektoriums im damaligen Pförtnergebäude zu sehen war.

Wenige Schritte bergab zur Bahnhofstraße lädt das Café Meyer, dass auch die DDR-Zeit unter privater Leitung überstanden hat, zum Verschnaufen ein. Die großen Glasfenster bieten einen besonderen Blick auf den flutenden Verkehr der Damm- und Bahnhofstraße. Neben dem Landratsamt dominiert mit einem bemerkenswerten Neubau die Sparkasse und gleich gegenüber hat das Amtsgericht seinen Sitz. Nicht weit davon entfernt, in der Billrodtstraße, befindet sich das Geburtshaus des berühmten Chirurgen Theodor Billrodt. Das Bronzemedaillon am Haus wurde anlässlich seines letzten Besuches auf Rügen 1892 enthüllt.

Seinem aus dem Slawischen stammenden Namen »gora«, »berghe«, Bergen macht die Stadt alle Ehre und empfiehlt ihren Besuchern, gut zu Fuß zu sein. Vom Markt aus geht es an der Rodelbahn vorbei zum Rugard mit einem weiteren Wahrzeichen der Stadt: dem Ernst-Moritz-Arndt-Turm. Am 25. Dezember 1869 erfolgte die Grundsteinlegung, der Fürst zu Putbus hatte das Land auf dem Rugard kostenlos zur Verfügung gestellt. Der Entwurf des Berliner Architekten und Baumeisters Hermann Eggert wurde realisiert, aber erst

Bergen: Markt, Kreispoliklinik, 1988

Linke Seite:
Bergen: Markt mit Brunnenanlage. Die ehemalige Kreispoliklinik ist heute Rathaus und Stadtverwaltung der Stadt Bergen auf Rügen.

BHW

Das Benedixhaus von 1538, das älteste Haus in Bergen, vor der Sanierung (1992) und danach (2005). Die benachbarten Häuser wurden ebenfalls aufwendig restauriert.

Linke Seite:
Bergen: Markt mit dem Kreiskulturhaus und unsanierten Häusern, 1984 (oben);
gestalteter Markt mit Kopfsteinpflaster, sanierten Häusern zum Teil mit Aufstockung und Dachausbau sowie Baulücke durch Abriss eines Gebäudes, 2006 (unten)

Bergen: Ernst-Moritz-Arndt-Turm auf dem Rugard vor der Umgestaltung (1989) und mit der Panorama-Glashaube (seit 2002)

Bergen: Hotel und Gaststätte »Am Rugard« am Fuße des Ernst-Moritz-Arndt-Turms nach dem Brand, 1989 (oben) und nach dem Wiederaufbau, 2005 (unten)

Bergen: Kirchplatz 1992 (oben) und 2005 (unten). Das Haus von 1582 wurde denkmalgerecht saniert und stimmt auf Marienkirche mit Klosterhof ein.

Bergen: Verkehrsspiegel im Wandel (1992 und 2005). Sie ermöglichen den sicheren Verkehr von der Königstraße zum Markt.

1877 konnte die Öffentlichkeit den Turm besteigen und die herrliche Aussicht genießen. 1944 wurde die Kuppel entfernt und eine Flakstellung errichtet. 1945 bis 1953 nutzte die Sowjetarmee den Turm. 1955 erfolgte der Abriss der Plattform und er bekam wieder eine Kuppel. 1999 fasste der Stadtrat von Bergen den Beschluss, den Turm auf dem Rugard grundlegend zu sanieren. Zum 125. Jahrestag seiner Erbauung – Ostern 2002 – wurde der sanierte historische Teil mit der neuen Spindeltreppe, der Glaskuppel und der Beleuchtung der Bevölkerung übergeben. Der fantastische Rundumblick über die Baumwipfel entschädigt für die Mühen des Aufstiegs.

Am Fuße des Ernst-Moritz-Arndt-Turmes lädt Hotel und Gaststätte »Am Rugard« mit Freisitz zum Verweilen ein. Nach einem Brand wurde es restauriert und empfängt nun wieder seine Gäste. Das Im Jahre 1863 errichtete Missionshaus mit Kapelle wurde 1904 unter Pfarrer Maximilian Kaller 1904 zur katholischen Kirche St. Bonifatius in Bergen umgebaut. Seit Ostern 2000 erklingt in der Kirche wieder eine 130 Jahre alte romantische Orgel.

Bergen: Bahnunterführung 1987 (links); Ringstraße, neu gestaltete Straßenführung vom Gewerbegebiet zum Stadtzentrum unter der Bahnstrecke Bergen–Sassnitz, 2005 (rechts)

Kaufmannshof und Romantik Hotel Hermerschmidt

Uwe Hermerschmidt

Die Geschichte des traditionsreichen Familienunternehmens Hermerschmidt reicht bis ins Jahr 1906 zurück. Damals gründete Paul Hermerschmidt in der Bergener Bahnhofstraße 6 ein Kolonialwaren- und Delikatessengeschäft, das sich sehr schnell zu einem bedeutenden Lebensmittelversorger für die gesamte Insel Rügen entwickelte. Im Jahre 1925 wurde das alte Giebelhaus umgebaut, erhielt seine heutige Form und erfuhr eine erhebliche Erweiterung. Nach dem Zweiten Weltkrieg übernahmen die Söhne Horst und Kurt Hermerschmidt den Lebensmittelhandel. Trotz seiner Bedeutung für die Versorgung der Insel, vor allem mit Spirituosen, war das noch immer privat geführte Unternehmen bei der Obrigkeit als »Rudiment der bürgerlichen Gesellschaft« nicht gerade besonders beliebt und so wurde 1984 zumindest der Großhandel durch den Rat des Kreises Rügen, Abteilung Handel und Versorgung, untersagt. Es ist das große Verdienst der Brüder, den Betrieb trotzdem als privatwirtschaftlich geführtes Unternehmen über die DDR-Zeit gerettet zu haben. Im Jahre 1984 übernahm Uwe, der Sohn von Horst Hermerschmidt, die Geschicke des Unternehmens. Zu dieser Zeit erkannte man von staatlicher Seite, dass privatwirtschaftlich geführte Einzelhandelsgeschäfte und Handwerksbetriebe auch im Sozialismus für die Versorgung unentbehrlich waren. Es gelang Uwe Hermerschmidt sogar, durch Beschwerde beim Ministerrat der DDR, in die Versorgungsebene der Delikatgeschäfte aufgenommen zu werden.

Auch die Zeit der Wende 1989/90 verlief für das Lebensmittelgeschäft sehr erfolgreich. Bereits seit 1989 gab es im Laden eine DM-Abteilung: »Wir waren mit einem B 1000 in den alten Bundesländern unterwegs und haben bestimmte Dinge eingekauft, die wir dann in unserem Geschäft zu DM-Preisen verkaufen konnten. Das war von Vorteil, denn so bekamen wir Kontakt zu den Lieferanten. Und das hat dazu geführt, dass mit der Währungsunion im Juli 1990 ein Großtransporter vor dem Geschäft mit 56 Rollcontainern »Westware« samt fachkundigen Präsentatoren stand. Also hatten wir mit der Währungsunion sofort in unserem Geschäft auch die Vielfalt der Waren im Angebot«, erinnert sich Uwe Hermerschmidt an eine aufregende Zeit. »Doch wir wollten nicht nur einfach Versorger sein, sondern zu mehr Lebensqualität beitragen und unseren Kunden Lebensgefühl verkaufen.«

Die Familie Hermerschmidt erkannte sehr schnell, dass die Lebensmittelversorgung der Bevölkerung zukünftig auf anderen Ebenen stattfinden werde, und dachte darüber nach, selbst einen großen Lebensmittelmarkt aufzubauen oder zu übernehmen. Doch Uwe Hermerschmidt traf die Entscheidung, das Unternehmen künftig auf ganz neuen Gleisen weiterzuführen, denn man müsse mit der Zeit gehen, um von dieser nicht überholt zu werden. Seit Beginn der Firmengeschichte hatten es die Hermerschmidts immer verstanden, sich erfolgreich den Marktveränderungen anzupassen.

Nach dem Zukauf eines Grundstücks in der Bahnhofstraße (ehemalige Inselbuchhandlung) entstand im Jahr 1996 das Ensemble Kaufmannshof Hermerschmidt. Natürlich wurde das ehrwürdige Traditionshaus mit dem Sortiment Pralinen, Weine, Spirituosen und Geschenkartikel weitergeführt. Doch hinzu kamen die neuen Unternehmensbereiche Hotel mit Restaurant und ein Modehaus, die sich von Anfang an nach den hohen, selbst gesetzten Zielen der Unternehmensphilosophie der Familie entwickelten.

Seit 1997 gehört das Hotel der Familie Hermerschmidt zur international renommierten Hotelkooperation der Romantik Hotels & Restaurants. Persönlicher Service, geschichtliche Tradition, regionale Verbundenheit, exzellente Küche und Führung durch den Inhaber – das sind die grundsätzlichen Kriterien, die ein Romantik Hotel auszeichnen. Die Gruppe der Romantik Hotels & Restaurants International gilt weltweit als einzigartige Kollektion von außergewöhnlichen wie vorzüglichen Privathotels. Das Romantik Hotel

Bergen: Bahnhofstraße 6. Das Markenzeichen der »Romantik Hotels & Restaurants International« schmückt das Romantik Hotel Kaufmannshof Hermerschmidt.

Kaufmannshof steht für individuelle Gastlichkeit. Ganz gleich, ob urlauben oder arbeiten, die im Kolonialstil eingerichteten Zimmer des Hotels bieten dem Gast liebevolle Einrichtungsdetails verbunden mit modernem Komfort und hoher Funktionalität. Sie sind mit Bad (Dusche und WC), Kabel-TV, Radio, Fön, Selbstwähltelefon sowie Minibar ausgestattet. Das Hotel verfügt sowohl über Einzel- und Doppelzimmer als auch über Appartements, Suiten und Ferienappartements.

Qualität vor Quantität war von der ersten Stunde an das Motto der Romantik Hotels. Anonyme Qualitätskontrolleure, die alle zwei Jahre das Haus genauestens unter die Lupe nehmen, sichern den hohen Standard. Die wichtigste Qualitätskontrolle sind jedoch immer auch die Gäste und Kunden, weiß Michael Hermerschmidt, der für den Bereich Hotel und Gastronomie verantwortlich ist. Und so zielt er durch eine gute Aus- und Weiterbildung seiner Mitarbeiter darauf ab, das hohe Niveau und die ausgesprochen große Kundenzufriedenheit zu halten und konsequent auszubauen. Zu allen Zeiten waren und sind das größte Kapital des Unternehmens engagierte und kreative Mitarbeiter. Im Hotel und Restaurant und auch in den Modehäusern tragen die rund 25 Mitarbeiter des Kaufmannshofes maßgeblich zum Erfolg des Unternehmens bei. Trotzdem bleibt der Kaufmannshof ein Familienbetrieb mit dem 87-jährigen Seniorchef Horst Hermerschmidt an der Spitze, der mit kritischen Augen über allem wacht.

Ebenso nostalgisch wie das gesamte Ensemble präsentiert sich das Restaurant »Kontor« im Romantik Hotel Kaufmannshof mit seinen verschiedenen Erlebnisbereichen. Abgerundet wird der gastronomische Bereich durch einen Wintergarten, ein Hotelatrium für Feierlichkeiten jeglicher Art und einen wunderschönen Biergarten. Im Restaurant und im Wintergarten finden 90 Gäste Platz und im Biergarten haben bis zu 100 Gäste die Möglichkeit, sich vom hohen gastronomischen Service zu überzeugen. Hinzu kommt ein Tagungsraum, der für bis zu 40 Personen eine angenehme Arbeitsatmosphäre bietet.

Den Gast erwartet eine anspruchsvolle regionale Küche. Die umfangreiche Speisekarte spricht ein breites Publikum an. Auch Schlemmer- und Gourmetmenüs stehen auf der Karte. Buffets werden übrigens nicht nur im Restaurant geboten, sondern auch zu allen Anlässen außer Haus geliefert. Ebenso kann man Torten bei der hauseigenen Konditorei bestellen. Das anspruchsvolle Speisensortiment hat das Hotel und Restaurant der Familie schnell über die Insel hinaus bekannt gemacht. Die Küchenchefs verstehen sich auf ihr Handwerk, das besonders auf die frische Küche abzielt. Immer wieder lassen sie sich neue Kreationen einfallen, setzen aber auch auf Altbewährtes. Besonders fällt dem Gast die Ruhe auf, in der man hier speisen kann. Dies entspricht der Philosophie des Hauses. Auch deshalb wird es oft als Ort für Betriebs- oder Familienfeiern gewählt. Denn wo der Service und das Ambiente stimmen, ist der richtige Platz für die schönen Stunden des Lebens.

Wesentlicher Bestandteil des Familienunternehmens sind auch das Herren- und das Damenmodehaus in

Inselbücherei Bahnhofstraße 8 (links neben der Kastanie), erworbenes Haus Nr. 7 und daneben der alte Stammsitz Hermerschmidt Nr. 6, 1989

Bergen. Die Modehäuser haben sich schnell etabliert. Das Konzept, ein hochwertiges Ambiente, verbunden mit einem attraktiven Warensortiment zu schaffen, ist aufgegangen. »Wir achten immer auch darauf, dass die Qualität zu unserem Hause passt«, so Uwe Hermerschmidt. Eigenmarken-Produkte tragen dazu ebenso bei wie namhafte und exklusive Modemarken. Das Herrenmodehaus versteht sich als Komlettausstatter – von der Unterwäsche über die Schuhe bis hin zu Anzug und Mantel. Die große Auswahl an Anzügen, Jacken und Hosen in allen, auch in Übergrößen, ist bemerkenswert.

Auch das Damenmodehaus ist in seiner Art einzigartig. Von der Sportbekleidung bis zur klassischen Mode bietet das breit gefächerte Angebot für jede Altersgruppe das Besondere. Einkaufen wird hier deshalb zum Erlebnis, weil die Fachverkäuferinnen besonderen Wert auf die individuelle Beratung legen. Die hauseigene Schneiderei übernimmt kostenlos notwendige Änderungen. Der Kundenstamm reicht längst über die Insel hinaus bis weit aufs Festland. Das persönliche Verhältnis zum Kunden hat dazu geführt, dass immer mehr Urlauber und Einheimische in den Modehäusern einkaufen. Uwe Hermerschmidt sieht den Weg ganz deutlich: »Bergen muss große Fachgeschäfte schaffen, um zu bestehen und die Kundschaft zielgerichtet in die Stadt zu führen.« Die Modehäuser in Bergen wurden im Jahre 1999 durch eine zusätzliche Filiale im Ostsee-

Der moderne Komplex Kaufmannshof aus Fachgeschäften und Romantik Hotel Hermerschmidt im September 2006

bad Göhren erweitert, was eine gute Ergänzung des Angebotes darstellt. Heute befinden sich in der Strandvilla Göhren, Strandstraße 6, ein Strandgeschäft und zwei Ferienappartements im Obergeschoss.

In dem einstigen Kolonialwarenladen, der bis dahin als Fachgeschäft für Lebensmittel, Geschenke und Rügener Spezialitäten großen Zuspruch hatte, wurde 2006 ebenfalls ein Herrenmodegeschäft eingerichtet, wodurch der sich nebenan befindende, bereits etablierte Herrenausstatter erweitert wurde. Auch hier stimmt das Ambiente. Die Einrichtung im Stile eines englischen Herrenausstatters, der Fußboden aus Eiche und die vielen kleinen Accessoires passen sich dem bestehenden Modegeschäft an. »Wir verlassen jetzt eingefahrene Wege, indem wir uns vom Bereich Lebensmittel trennen, denn dafür gibt es jede Menge andere Anbieter. Man muss erkennen, wann man auf neuen Gleisen fahren muss«, sagt Uwe Hermerschmidt. Mode hat sich zum Schwerpunkt entwickelt. Das Fachgeschäft im Textileinzelhandel mit individueller Beratung spielt in der Bevölkerung wieder eine große Rolle. Hier sah das Familienunternehmen eine neue Herausforderung und so wird das erfolgreich fortgeschriebene Konzept weiter verwirklicht, welches besagt: Wir müssen das, was uns Erfolg verschafft, stärken und dürfen uns nicht verzetteln. Das ist eben das Gespür für das Detail – wie im Romantik Hotel oder in den Modehäusern – so auch in der Strategie der Entwicklung.

Sellin – Baabe – Moritzdorf – Göhren

Linke Seite:
Ostseebad Sellin: Blick auf die Seebrücke mit Schiffsanlegestelle. Von der Treppe am Strand führt die Wilhelmstraße in den Ort.

Ostseebad Sellin: Treppe von der Wilhelmstraße zur ehemaligen Seebrücke und zum Strand, 1989 (oben); die gestaltete, sanierte Treppenanlage mit Aufzug und wiedererrichteter Seebrücke mit »Cliff-Hotel« und Schiffsanlegestelle, 2005 (unten)

Bergen, den Ausgangspunkt für die verschiedensten Ziele auf der Insel, verlassen wir über die B 196 in Richtung Südosten und nähern uns den beliebten und bekannten Ostseebädern Binz, Sellin, Baabe, Moritzdorf, Göhren, dem Mönchgut mit Middelhagen, Lobbe, Thiessow, Gager, Groß Zicker und Klein Zicker.

Wir erreichen Zirkow und sollten der Einladung, auf dem Parkplatz des Landgasthofes dem Fahrzeug eine Pause zu gönnen, durchaus Folge leisten. Gepflegte Gastronomie in ländlichem Ambiente lädt die Reisenden zum Verweilen ein. Schmucke Häuser, das Museum und die Kirche kann man bei einem Bummel durch den kleinen Ort anschauen, ehe die Fahrt weitergeht. Den Abzweig nach Binz mit seiner auf der Insel einmaligen Birkenallee lassen wir links liegen und fahren als nächstes Reiseziel das Ostseebad **Sellin** an. Die einmalig schöne Wilhelmstraße mit ihrer historischen Pracht unter Lindenbäumen, den verschiedensten Häusern und Villen in der sogenannten Bäderarchitektur, führt bergan und ist mit Einkaufseinrichtungen und Lokalen so richtig zum Flanieren und Bummeln geeignet. Es sind nur wenige Schritte bis zum Strand zu laufen. Als Alternative dazu bietet sich eine Fahrt mit der Selliner Bäderbahn an. Dabei kann man die Eindrücke langsam und in Ruhe wirken lassen.

Das neu gebaute Hotel »Kurhaus Sellin«, das sich an der Stelle des abgerissenen Hotels »Frieden« befindet, bietet gehobenes gastronomisches Niveau. Vom Hotel aus haben die Gäste einen fantastischen Blick auf die Seebrücke, die abends und nachts durch Lampenketten illuminiert wird. Eisgang hatte die 1906 errichtete, 394 Meter lange Brücke zerstört, 1998 wurde sie allerdings wieder aufgebaut. Das Hotel zeichnet sich außerdem durch eine sehr freundliche und aufmerksame Bedienung und ein leckeres Speisen- und Getränkeangebot aus: So kann man den Urlaub richtig genießen. Wegen des schönen Ausblickes auf die Seebrücke und die Weiten der Ostsee bezeichnet das Hotel das Café und die Terrassen als »Logenplatz«.

Ostseebad Sellin: »Haus Siegfried« in der Wilhelmstraße 14, 1988 (links); »Burg Siegfried« nach der Sanierung, 2005 (rechts)

Ausgerichtete Strandkörbe am schmalen Sandstrand links und rechts der ehemaligen Seebrücke, 1987

Ostseebad Sellin: »Haus am Meer« in der Wilhelmstraße, 1993 (links); nach Restaurierung und Umbau mit Restaurant »Zum Skipper«, 2005 (rechts)

Sellin: Seebrücke mit »Cliff-Hotel« (und Standesamt), vom Hotel als »Königsstuhl von Sellin« bezeichnet, 2005

Ostseebad Baabe: Strandstraße 2. Nutzungsänderung – auch das ist Wandel: 1987 Rat der Gemeinde und Postamt; 1992 Anbau und Sitz der Sparkasse; 2005 Polizeistation

Man kann mit dem Aufzug nach unten zum Strand und zum Eingang der Seebrücke fahren oder aber die 87 Stufen hinabsteigen. Links und rechts laden feiner Sandstrand mit oder ohne Strandkörbe und Wasser zu Sonnen- und Badefreuden ein. Wanderwege führen in Richtung Baabe und Binz. Ein Spaziergang auf der Seebrücke bis hin zur Schiffsanlegestelle sollte beim Besuch dazugehören, um das einmalige Panorama des Ortes von der Seeseite aus zu genießen. Schiffe und kreischende Möwen sind zu sehen und wer »Glück« hat, kann auch einen Möwenklecks auf der Kleidung mit nach Hause tragen.

Bernsteinmuseum, Galerie Hartwich oder »Nemo«, die Wasserwelt, bieten sich an, wenn es mal nicht so sonnig sein sollte oder der Sonnenbrand Schonung verlangt. Die Bäderbahn Sellin kurvt auch zum Südstrand am Selliner See. Wege führen nach Seedorf und nach Moritzdorf – da sollte man schon mal ein Fahrrad ausleihen und strampeln. Es lohnt sich auf jeden Fall!

Weiter führt die Straße in das Ostseebad **Baabe**. Hier beginnt das Mönchgut, der Geheimtipp vieler Urlauber. Ein Torbogen mit Figuren in Mönchguter Tracht heißt den Gast willkommen. Er überspannt den Mönchsgraben, der als Grenze zwischen Granitz und dem Mönchgut gilt. Schmuckloser dagegen ist der Bahnhof der Kleinbahn, die pfeifend mitten durch den Ort fährt und die Bundesstraße quert. Für den Gast besteht die Möglichkeit, die Dorfstraße in Richtung Baaber Bollwerk zu nutzen. Am Bollwerk ist noch richtiger Personen-Fährverkehr mit ruderndem Fährmann über die Having und den Selliner See zu erleben. Vater Uwe und Sohn Kai-Uwe Strandmann bringen die Gäste mit und ohne Fahrrad schnell und sicher auf die andere Seite und ersparen den Gästen den Umweg über Sellin. **Moritzdorf** erwartet mit Hotel und Gaststätten seine Gäste. Von der »Moritzburg« bietet sich ein unvergleichlich schöner Panoramablick auf die Having, auf Sellin und Baabe, auf die Anlegestelle der Schiffe und Segelboote, die wie Spielzeug zu Füßen der Ausflügler liegen. Aber vor

Ostseebad Baabe: Allee, 1987 (oben); Strandstraße neu gestaltet und mit jungen Linden bepflanzt, 2005 (unten)

Links: Ostseebad Baabe: das Haus in der Bollwerkstraße 3 vor und nach der Sanierung 1993 (oben) und 2005 (unten)

Rechts: Uferpromenade in Richtung Sellin vor der Umgestaltung 1986 mit dem »Inselparadies« im Hintergrund (oben); neu gestaltete Uferpromenade 2005 mit leer stehendem Gebäuderest vom ehemaligen »Inselparadies« (unten)

Moritzdorf: Blick auf die Having und das Baaber Bollwerk von der Terrasse der Gaststätte »Moritzburg«, 1984 (oben) und 2005 (unten)

Einzige Ruderfähre auf Rügen vom Baaber Bollwerk über die Having nach Moritzdorf. 1983 ruderte noch Alfred Damms (oben); 2006 ist Kai Uwe Strandmann als junger Fährmann am Ruder (unten).

dem Genuss der herrlichen Aussicht müssen erst einmal Stufen gestiegen werden. Ohne Fleiß kein Preis!

Zurück zur Kreuzung der B 196 mit der Dorf- und Strandstraße. Die unübersehbare, gewaltige 8 Meter hohe Skulptur »Wendemarke« markiert das Zentrum und wurde anlässlich der 750-Jahrfeier der Halbinsel Mönchgut und des Jubiläums 75 Jahre Strandstraße am 2. August 2002 der Öffentlichkeit übergeben. Reizvoll ist die in zwei Fahrbahnen geteilte Strandstraße, in deren Mitte sich ein Flanierweg unter Sommerlinden befindet. Gern läuft man hier, setzt sich auf Bänke – und so sind die Fußwege links und rechts der Straße beinahe überflüssig. Die kleine Kirche, unübersehbar aufgrund ihrer Architektur, hat ihre Türen offen und so kann der Besucher das kleine Kirchenschiff (fast wörtlich zu nehmen, denn es hat die Form eines kieloben liegenden Schifferbootes) mit dem Altar in Augenschein nehmen. Schließlich kann man den Bummel zum Strand schnurgerade fortsetzen.

Unmittelbar am Strand hat die Gemeinde mit großem Aufwand eine repräsentative Strandpromenade geschaffen, Läden und gastronomische Einrichtungen sorgen für einen angenehmen und entspannten Aufenthalt. Wenige Schritte nur noch und feiner Sandstrand lockt zum Bade.

Von hier aus führen Wanderwege in Richtung Sellin, vorbei am früher gut frequentierten und genutzten »Inselparadies«, das damals tagsüber Speisen und Kaffee und abends Tanzveranstaltungen anbot und in dem man durch große Glasfenster auf die Ostsee blicken konnte. Heute erinnert nur noch ein denkmalgeschütztes »Skelett« an frühere Zeiten. Nach der anderen Seite kann man auch in Richtung Göhren laufen und kommt am früheren Zeltplatz Baabe vorbei, wo heute Holzbungalows stehen.

Ein Stück verläuft die Kleinbahnstrecke parallel zur Straße in Richtung Ostseebad **Göhren**. Dann geht es bergauf und schon ist man im Ort. Kreisverkehr, Fußgänger und Radfahrer schaffen hier eine quirlige Atmosphäre. Am Museum geht es wieder bergab zum Strand, zum Bahnhof, dem Endpunkt der Kleinbahn »Rasender Roland«, zur völlig neu gestalteten Bernstein-Promenade, zur 392 Meter langen und 2003 eingeweihten Seebrücke. Die Strandpromenade bietet Kurzweil und Erholungsmöglichkeiten: Kneipp-Wassertreten, ein Labyrinth, eine »Kurmuschel« für Veranstal-

Moritzdorf 1b: Gaststätte »Fischerhütte« der Familie Pessier, 1986 (oben) und 2005 (unten)

tungen, Wasserbecken in futuristischer Form und Wasserspiele sorgen dafür, dass der Urlauber sich hier richtig wohlfühlt. Wanderungen sind von hier aus nach Baabe und zum Nordperd möglich.

Das Gesicht des Ortes hat sich gewandelt, Neubauten und sorgsam sanierte Gebäude prägen das Bild. Wer mal eben zum Hotel »Hanseatic Rügen« mit seinem markanten Aussichtsturm die Nordperdstraße bergauf wandert, kommt am umgebauten Wasserturm vorbei. Er kann mit dem Hotellift und die letzten Meter zu Fuß nach oben steigen und erlebt einen unvergleichlichen Rundumblick. Das Hotel beherbergt das höchstgelegene Standesamt der Insel Rügen. Wer sich traut, kann hoch oben den Bund fürs Leben schließen. Ältere Bewohner Göhrens kennen noch das frühere Ärztehaus, das 2006 umfassend saniert wurde und nun nicht mehr wiederzuerkennen ist (Abb. S. 33). Das etwas abseits gelegene frühere Gästehaus der SED, seinerzeit geheimnisumwittert, öffnete sich nach der Wende für die Bevölkerung mit einer Gaststätte und empfängt heute als saniertes und modernisiertes Haus Gäste, die hier Ruhe und Erholung suchen.

Am Museum Göhren geht es auf der anderen Seite wieder hinab, ebenfalls in Richtung Ostsee, denn der Ort ist von zwei Seiten vom Meer umgeben. Hier sieht man das Bundeswehr Sozialwerk e. V. mit seinem modernisierten Komplex und den schmucken Eigenheimen bis man schließlich zum Museumsschiff »Luise« gelangt, wo eine Ausstellung von Schiffen und Bojen zu sehen ist. 2006 wurde begonnen, die Bojen originalgetreu mit frischer Farbe zu versehen, sodass sie wieder ein besonderer Blickfang sind.

Wenige Schritte weiter befindet sich die nach der Wende gebaute Reha-Klinik. Von dort aus sieht der Gast auf einer Anhöhe die wuchtige, doppeltürmige Kirche Göhrens und das bronzezeitliche Hügelgrab »Speckbusch«. Ein Wanderweg führt von hier nach oben, eine Parkmöglichkeit gibt es an der Kirche. Der Blick von den Bänken am Hügelgrab auf das Mönchgut ist reizund stimmungsvoll. Die ebenfalls geöffnete Kirche lädt ein und verweist mit Stolz auf die Besonderheit des Altars. Der Tiroler Holzschnitzer Ferdinand Stuffleser stellte die Altarfiguren Maria und Johannes als Fischerpaar in Mönchguter Tracht unter dem Kreuz dar.

Die Fahrt nach Thiessow über Middelhagen, Lobbe führt auf gut ausgebauter Straße etwas zurück in Rich-

Ostseebad Göhren: Erholungsheim der Nationalen Volksarmee der DDR, Thiessower Straße 18, 1989

Hövtstraße 8. Das Gästehaus der SED öffnete nach der Wende 1989 auch für die Öffentlichkeit als Hotel »Zum Hövt«.

Ostseebad Göhren: Bundeswehr Sozialwerk e. V., Thiessower Straße 18, 2005

Hövtstraße 8, »Haus am Hövt«. Das Appartementhaus empfängt nach umfassender Sanierung und Rückbau der verglasten Balkone seine Gäste, 2005.

Ostseebad Göhren: Poststraße/Lindenstraße. Triste Aussicht verfallender Bäderarchitektur, 1993. Die Villa »Minna« ist nach umfassender Sanierung kaum wiederzuerkennen, 2005

tung Baabe. Auf von dunklen Bäumen gesäumter Straße kommt man zuerst nach Middelhagen, wo in der St. Katharinakirche der um 1480 geschaffene Katharinenaltar die Blicke auf sich zieht. Im alten Küsterhaus ist das Schulmuseum mit einer Einklassenschule sehenswert. Eigenwillig zeigen sich der moderne Anbau aus Rügen-Keramik sowie die überall sichtbaren Plastiken und originell gestalteten Wegweiser. Der Weg führt vorbei oder hinein in Rügens ältestes Gasthaus.

In Lobbe gibt es ein unübersehbares Windrad, welches ein Wasserschöpfrad antrieb. Es wurde 1920 erbaut und 1997 restauriert. Die Straße weiter nach Thiessow wird von Parkmöglichkeiten für Strandbesucher (geordnet in Textilstrand, FKK und Hundestrand) gesäumt. Nach dem Campingplatz öffnet sich der südlichste Badeort der Insel Rügen für seine Gäste. Thiessow ist von drei Seiten vom Meer umgeben, ist beliebt bei Seglern, Surfern und Anglern und bietet neben den Möglichkeiten, ausgiebig am Strand zu baden und Sonne zu genießen, auch Ziele für Fahrrad-Exkursionen und Wanderungen auf gut ausgeschilderten Wegen. Der modernisierte Hafen mit seinen Fischerbooten, Werkstätten, Anlegeplätzen und einer Gaststätte ist ein reizvolles Fotomotiv und man sieht von

hier aus auch den Lotsenturm auf dem Lotsenberg. Ein kleines Museum der Lotsenstation dort oben zeigt die damalige harte Arbeit der Lotsen. Der seit dem Frühjahr 2003 für den Eintrittspreis von einem Euro begehbare Antennenturm entschädigt die Mühen des Aufstiegs mit einem wunderbaren Ausblick auf das Mönchgut und das Meer. Im Ort, an der Hauptstraße 30, hatte vor vielen Jahren der Besitzer die Idee, eine Linde kastenförmig zu stutzen. Nach längerem Wildwuchs hat sich der jetzige Bewohner des Grundstücks durchgerungen, den Wildwuchs zu beschneiden und wieder die kastenförmige Linde den Vorbeigehenden zu zeigen.

Ostseebad Göhren: Nordperdstraße. Wasserturm, 1990 (links); Umnutzung des Turms zu einem privaten Wohnbereich, 2005 (rechts)

Die Bäderarchitektur der Insel

Markus Sommer-Scheffler

Mit der »Franzosenzeit« und der damit ausgelösten Entwicklung des Bewusstseins für Hygiene und Gesundheit um 1800 setzten sich auch in Deutschland namhafte Mediziner, so auch der Rostocker Professor Samuel Gottlieb Vogel, für die Errichtung von Kurbädern am Meer ein. In seinen »Allgemeinen Baderegeln von 1817« heißt es u. a.:

»Man steige weder zu ängstlich noch zu langsam, noch zu dreist und zu plötzlich ins Bad, und tauche dann den ganzen Körper bis an den Hals in perpendiculairer oder gerader Richtung ein und mehrere Male unter. Sehr viel kommt auf die rechte Manier an, das Bad zu nehmen. Eine allgemeine Vorschrift kann darüber nicht wohl gegeben werden. Bei einem jeden Individuum hat diese ihre Modifikationen, die von der Beschaffenheit des Kranken, seiner Empfindlichkeit, Gewohnheit und Übung abhängen. Es ist oft eine Kleinigkeit, warum das Baden nicht bekommt. Viele Badende wissen sich darin bald zu finden und die rechte ihnen besonders angemessene Weise ausfindig zu machen, welche sie dann immer geübter und geläufiger mit gutem Erfolge beobachten. Andere können sich viel weniger behelfen, und es ist daher nötig, ihnen dies recht deutlich auseinanderzusetzen. Mehrenteils ist es eine zu große Furchtsamkeit, die ihre Schritte bindet und ungewiss macht. Ihre reizbare empfindliche Haut bebt vor dem Eindrucke der Kälte des Wassers zurück und hält ihre Entschließung mehr und weniger auf, oder sie machen einen zu raschen Sprung. Meistens wird die Sache durch die vorbereitenden temperierteren Bäder und dann durch das kalte Waschen, durch das Reiben, welches das Gefühl der Haut etwas betäubt oder abstumpft, so wie sie von der andern Seite erwärmt und belebt, sehr erleichtert. Ich lasse zum Teil aus diesem Grunde auch nicht leicht jemanden sogleich in der See baden, es wäre denn, daß jene wünschenswerte Vorbereitung zu Hause schon vorgenommen sei. Die letzten vorbereitenden Bäder im Badehause, in welchen das Wasser nur noch ganz wenig erwärmt ist, müssen außerdem ebenso kurz und schnell genommen werden, als wie es in der See nötig ist. Das Verfahren ist nun dieses: Nachdem alles geschehen ist, was in den vorstehenden Punkten zur Vorbereitung vorgeschrieben worden, der Körper schnell abgerieben, Kopf, Hals und Brust mit dem frischen kalten Wasser vermittelst der Hand oder mit einem Schwamme, geschwind benetzt worden sind, steige man nicht zu langsam und nicht zu schnell unabgesetzt bis an den Hals ins Wasser, und wiederhole dies Untertauchen einige Mal in gerader Stellung und bloß bis auf den Kopf der außer dem Wasser und aufgerichtet bleibt, geschwind hintereinander. Zu dem Badewagen hält man sich dabei an einem daselbst befestigten Tau. Ehe man erfahrner und geübter in diesem Baden ist, läßt man es bei einmaligem oder zweimaligem Untertauchen bewenden, und eilt dann schnell wieder heraus. Nach und nach wiederholt man das Untertauchen öfter rasch hintereinander, bis zwölf und zwanzigmal, mit kurzen Absätzen zu einiger Erholung. Diese kurzen Absätze oder Unterbrechungen erneuern auch gleichsam die Kraft des Impulses des kalten Wassers auf die Haut. Sie dürfen aber buchstäblich nur kurz sein, da der Körper während des Badens kaum einen Augenblick ohne Bewegung bleiben darf.«

Das Baden im Meer war damals etwas völlig Neues und nur schwer mit den hygienischen Gepflogenheiten und den prüden Moralvorstellungen der Zeit vereinbar. Örtliche Geschlechtertrennung, Badekostüme, Badekarren, Badehäuser und Badeboote waren daraus resultierende Erscheinungen. Das von den Ärzten geforderte Nacktbaden kam allenfalls auf entlegenen Stränden der Nordseeinseln und der Insel Hiddensee in Betracht. Badestellen an der Küste Rügens waren so ungewöhnlich, dass sie sogar auf den ersten topografischen Karten der Neuzeit, der »Spezial Charte« von Friedrich von Hagenow aus dem Jahre 1829 und dem preußischen Urmesstischblatt von 1836, verzeichnet waren. Diesen Eintragungen von Badekarren und Badehäusern zufolge nahm der Badebetrieb auf Rügen am

Lauterbach, Landkreis Rügen. Badehaus Goor, nach dem Umbau 2006

»Friedrich-Wilhelm-Bad« in der »Goor«, südöstlich der Residenzstadt Putbus, und beim Ort »Aalbeck«, einer später in Binz aufgegangenen Fischersiedlung zwischen Schmachter See und Prorer Wiek, seinen Anfang. Beide Zellen entwickelten sich unterschiedlich. Das Putbuser Bad blieb eine solitäre Einrichtung für »gehobene« Gesellschaftsschichten, während sich Binz volkstümlicher zeigte und eine vielfältige Bautätigkeit entwickelte, aus der etwas später die für die Ostseeküste charakteristische »Bäderarchitektur« hervorging.

1817 legte Fürst Wilhelm Malte von Putbus den Grundstein für das »Friedrich-Wilhelm-Bad«, ein repräsentatives Badehaus mit Speisesaal, Salons, Zellen für Warmbäder, Logierzimmern und Wirtschaftsräumen. Die klassizistische Architektur mit der imposanten Schauseite aus 18 dorischen Säulen und auch die Inneneinrichtung mit marmornen Sitzbadewannen italienischer Provenienz nahmen Bezug auf die Formensprache der klassischen Antike. Das ursprünglich aus mehreren Einzelgebäuden in Fachwerkbauweise zusammengesetzte Ensemble wurde durch eine einheitliche Blendfassade zu einem lang-rechteckigen, zweigeschossigen Backsteinbau zusammengefasst. Mit Ausnahme der Rückseite tragen die Außenwände flache Zierpilaster, zwischen denen die zumeist von Faschen umrahmten hoch-rechteckigen Fenster liegen. Unter dem Hauptgesims befindet sich an der Vorderseite und den Schmalseiten des Gebäudes ein Triglyphen-Fries. Die Kolonnade besitzt eine Kassettendecke. Das flache Dach ist hinter einer Attika verborgen.

Der Badebetrieb im »Friedrich-Wilhelm-Bad« umfasste je nach Art des zu behandelnden Leidens eine Brunnenkur, ein Warmbad und das kalte Seebad im Freien. »Die zum Seebade sich einstellenden Kurgäste leiden nicht selten an Unterleibsbeschwerden, Verschleimung, Infarcten und anderen Übeln ... Je nach Art des Übels hatte sich der Kranke vor der Seebadkur einer Brunnenkur zu unterziehen. Etwa 18–20 Krüge Mineralwasser (Eger-, Maria-, Kreuz- oder Carlsbader Neubrunnen) sollte der Gast neben Molken aller Art (z. B. Eselsmilch) trinken. Die notwendigen Wässerchen, die vom Badearzt Dr. Benedix verschrieben wurden, erhielt man bei dem Putbuser Apotheker Hiebendahl. Das Wasser mußte nach und nach getrunken werden, etwa aller Viertelstunde ein Glas. Bei dem Trinken des Wassers und danach empfahl man langsames Bewegen auf der Allee, im Schloßgarten oder bei Regen in einem geräumigen Zimmer. Neben der Brunnenkur spielte das Seewasserbaden in den angeratenen sieben Wochen Aufenthalt eine besondere Rolle, denn zu diesem Zweck kamen nicht nur kranke Besucher. Nach allen Regeln der Ordnung verlief das Baden in den Kabinetten und im Rügischen Bodden. Für das Benutzen der Badezellen stellte der Badearzt eine Liste auf, welche die Reihenfolge der sich bei ihm gemeldeten Gäste festlegte. Der damalige Bademeister Schulze hängte die Tafel im Korridor aus und wies den jeweiligen Badenden die Badezimmer zu. Für einen Preis von 13 Silbergroschen durfte der Gast ein Kabinett zum Warmbad (auch Sturz-, Regen- oder Tropfbäder) eine Stunde lang nutzen. Den Wannenbädern gab man oft Schwefel, Kräuter oder Malz je nach Umständen zu. Für das kalte Seebaden, dessen Wirkung ärztlich genau untersucht wurde, bestanden Vorschriften zur Bekleidung und Trennung der Geschlechter.«

Der Badebetrieb in Binz war zunächst weniger mondän. Die Tatsache, dass auf der Hagenow'schen Karte zwischen den Badekarren und Badehäusern noch eine Heringspackerei verzeichnet ist, zeigt hier, anders als in Putbus, den Beginn einer allmählichen Entwicklung vom Fischer- zum Badeort. Das Interesse des Berliner Bürgertums an der Ostseeküste begann sich um die Mitte des 19. Jahrhunderts auf die Küste Rügens und

Binz, Landkreis Rügen, Haus Neander, 2006

damit auch auf Binz auszudehnen. Im Jahre 1853 war Binz ein Straßendorf mit 150 Einwohnern, die sich auf 15 entlang der heutigen Bahnhofstraße stehende Häuser verteilten. Landwirtschaft und Fischerei bildeten die wirtschaftliche Grundlage. Der Dorfkrug reichte als einzige Unterkunft für die Urlauber bald nicht mehr aus. Die Binzer öffneten ihre Häuser den Gästen und erschlossen sich so eine Erweiterung ihrer spärlichen Erwerbsmöglichkeiten. Ihre Häuser mit Schilf gedeckten Krüppelwalmdächern wurden in der Saison im Erdgeschoss den Fremden überlassen, während die Einheimischen in den Sommermonaten in die zu diesem Zweck ausgebauten Dächer zogen. Nach und nach wurden die Häuser vergrößert und der Komfort verbesserte sich. 1870 kamen 80 Gäste nach Binz und schon 1875 waren es mehr als 500. Das rapide Anwachsen des Fremdenverkehrs führte dazu, dass Umbau und Erweiterung bestehender Häuser den Bedarf an Beherbergungsmöglichkeiten nicht mehr decken konnten und so wurde 1882 eine planmäßige Ortserweiterung durch den damaligen Eigentümer des Landes, den Fürsten von Putbus, in Angriff genommen, die sich bis heute an dem schachbrettartigen Grundriss der Straßen ablesen lässt. Die überwiegende Zahl der Häuser entstand zwischen 1890 und 1910. Nachdem 1892 die Eisenbahnstrecke Bergen–Sassnitz und die Kleinbahn Putbus–Göhren eröffnet wurden, erleichterte dies die Erreichbarkeit von Binz und anderer Badeorte an der Ostküste erheblich. Darüber hinaus verbesserte der Bau von Landungsbrücken in Binz, Sellin und Göhren die verkehrstechnische Anbindung der Badeorte über das Wasser.

Während die Um- und Ausbauten der alten Fischer- und Bauernhäuser trotz zum Teil kunstvoll verzierter offener Holzveranden, die die ganze Hausbreite einnahmen, relativ bescheiden wirkten, entsprachen die Neubauten dem Repräsentationsbedürfnis ihrer auswärtigen Besitzer. Beeinflusst von klassizistischen Bauten in Putbus, Berliner Gründerzeitvillen und Schweizer Lungensanatorien entwickelte sich die sogenannte Bäderarchitektur, eine spezielle Ausformung des Eklektizismus, zu deren wesentlichen Merkmalen offene Balkone und Veranden aus Holz oder später Metall mit filigran ausgesägten Ornamenten vor massiven Fassaden gehörten. Eine vertikale Gliederung erfolgte durch Risalite und Türme, Gauben und sogar farbig ornamentierte Dachflächen. Da die Gebäude in der Regel nicht als Dauerwohnungen dienten und nur in den Sommermonaten genutzt wurden, ergaben sich keine Anforderungen an Heizung und die heute so wichtige Wärmedämmung. Die Grundrisse der Gebäude zeigen ein einfaches Schema. Quer durch das Haus verlief ein schmaler, ca. 1,80 Meter breiter Korridor, von dem nach beiden Seiten die Ferienzimmer abgingen. Zwischen den Zimmern befanden sich weitere Türen, die je nach Raumbedarf geöffnet oder verschlossen werden konnten. An einem Ende des Korridors lag eine Etagenküche und das Treppenhaus. Auf den Treppenabsätzen führten Türen in einen separaten Anbau, in dem die Toiletten untergebracht waren. Badezimmer gab es nicht. Hinter dem Pensionsgebäude wurden manchmal einfache Gesindehäuser in Fachwerkbauweise errichtet.

Der Zuschnitt der Pensionen zeigt, dass sich die damaligen Feriengewohnheiten erheblich von unseren heutigen unterschieden haben. Etagenküchen, Verbindungstüren und Gesindehäuser lassen darauf schließen, dass gerne in großen Gesellschaften Urlaub gemacht wurde. Der eigentliche Badebetrieb in Binz, Sellin, Göhren und Sassnitz sowie in den anderen Ferienorten an der Ostseeküste Rügens entsprach im Prinzip dem im noblen »Friedrich-Wilhelm-Bad« von Lauterbach/Putbus. Das Trinken von Mineralwasser geschah in den jeweiligen Kurhäusern. Warmbäder mit

Binz, Landkreis Rügen, Haus Metropol, 2006

Badekabinen standen in Binz, Heinrich-Heine Straße 7, und in Sellin, Warmbadstraße 4, den Gästen zur Verfügung. Für das Baden im Meer wurden in jedem Seebad getrennte Damen-, Herren- und Familienbadestellen eingerichtet. Hierbei handelte es sich um u-förmig zum Wasser geöffnete Pfahlbauten mit Umkleidekabinen, Sichtschutz und in das Wasser hinabführenden Treppenanlagen. In Nachbarschaft der Badeeinrichtungen entstanden Vergnügungsstätten, Pavillons für Konzerte, Kasinos, Gotteshäuser und zahlreiche Gaststätten.

Nach dem Zweiten Weltkrieg und dem Abklingen des Flüchtlingsstromes wurden 1953 in der »Aktion Rose« viele Pensionen enteignet und in Volkseigentum überführt. Die Gebäude wurden durch architektonisch anspruchslose Zweckanbauten nicht immer vorteilhaft erweitert und für den Massentourismus der DDR hergerichtet. Für den Gebäudeerhalt wurde das Notwendigste getan. Aus Mangel an Baukapazitäten kamen Eingriffe in die Gebäudesubstanz jedoch nur selten vor und mit der Verabschiedung des DDR-Denkmalpflegegesetzes von 1975 wurden sogar viele Bauzeugnisse der Bäderarchitektur unter staatlichen Schutz gestellt. Unter der Rubrik: »Denkmale zur Kultur und Lebensweise der werktätigen Klassen und Schichten des Volkes« taucht das Badehaus Goor als Ferienheim des VEB Bandstahlkombinat »Hermann Matern«, Eisenhüttenkombinat Ost, Eisenhüttenstadt, in der Denkmalliste auf. In Binz, Sellin, Göhren und anderen Badeorten wurden komplette Straßenzüge als »Denkmalensemble« in die Denkmalliste eingetragen.

In einer Stellungnahme zur denkmalpflegerischen Bedeutung der Bäderarchitektur in Binz vom 1. Oktober 1991 äußerte der damalige Hauptkonservator Dr. Gerd Baier zur Zukunft der Bäderarchitektur nach der politischen Wende: »Ihre Erhaltung und Zurückführung auf die ursprüngliche architektonische Gestalt ist sehr zu begrüßen und als ein akutes denkmalpflegerisches Anliegen zu bezeichnen. Zu beachten ist dabei, daß so weit wie möglich auch die innere Raumstruktur dieser Häuser wieder erlebbar gemacht wird, ohne daß dabei angemessenen Forderungen auf Funktionsgerechtigkeit und sanitäre Modernisierung entgegengewirkt werden soll.« Diese Zugeständnisse an moderne Wohnstandards, Baunormen und Rentabilität bedeuteten jedoch in der Realität häufig einen schweren Eingriff in die Gebäude- und Denkmalsubstanz, wenn nicht sogar das Erlöschen des authentischen Zeugniswertes. In Modernisierungsanträgen, die der unteren Denkmalschutzbehörde nach 1990 vorlagen, fanden sich besonders häufig Aufstockungen des Dachgeschosses, Vollwärmeschutz, Austausch der einfach verglasten Originalfenster gegen Fenster mit Isolierverglasung, Austausch der Holzbalkendecken gegen Betondecken und Totalerneuerung der Balkonanlagen. Leichtigkeit, Frische und Verspieltheit, die der Bäderarchitektur ursprünglich anhafteten, gingen dabei oftmals teilweise oder ganz verloren. Im Inneren der Pensionen wurden die langen Flure aufgelöst und den Ferienappartements zugeschlagen. Auch die schönen Holztreppen und Türen des Originalbestandes haben in diesen hermetisch gegen Schall und Außentemperaturen abgeschlossenen Appartements schon aus Gründen der Brandschutznormen oftmals keinen Platz. Die aus der aktuellen Modernisierungswelle entstandene »neue Bäderarchitektur« bietet zwar eine schöne Kulisse, hat aber keinerlei Zeugniswert über die frühe Badekultur an der Ostsee und deren Auswirkungen auf die Architektur. Daher gilt die besondere Aufmerksamkeit der Denkmalschutzbehörden den wenigen noch nicht modernisierten Gebäuden oder den bereits im Bestand reparierten Pensionen der Bäderarchitektur, die es für die Zukunft zu bewahren gilt.

Ostseebad Sellin: Entlang der Wilhelmstraße prägen Häuser mit ähnlicher, aber doch unterschiedlicher architektonischer Gestaltung das Erscheinungsbild, 2005.

Die Vielfalt der sogenannten Bäderarchitektur zeigt sich sowohl in original historischer Form als auch bei Neubauten mit angepasster moderner Balkongitter-Gestaltung, 2005/06.

Ostseebad Sellin: Wilhelmstraße, Villa »Odin«, 1987 und 2005 (oben), Haus »Vineta« (links unten), Villa »Granitz« (rechts unten)

Ostseebad Göhren: Bernsteinpromenade und Kurplatz mit Wasserspielen

Das Verkehrswesen auf Rügen im Wandel

Wulf Krentzien

Die denkwürdigen Jahre 1989 und 1990 waren auch für das Verkehrswesen der Insel Rügen bedeutungsvoll. Bereits vor 1989 galt Rügen nicht ausschließlich als Urlaubsinsel. Der Fischerei- und Fährhafen Sassnitz (Stadthafen) mit der zweitgrößten DDR-Fischereibasis und den Fährlinien nach Trelleborg und Bornholm sowie der Fährkomplex Mukran mit Fähr- und Umladeanlagen für den Fährverkehr nach Klaipeda hatten überregionale Bedeutung. Deshalb wurden auch in den Wendejahren noch in der DDR entwickelte Verkehrsprojekte fertiggestellt.

Mit dem Fahrplanwechsel im Mai 1989 war die Elektrifizierung der Eisenbahnstrecken Stralsund–Sassnitz Hafen, Lietzow–Binz und Borchtitz–Mukran abgeschlossen. Im März 1989 stellte die Deutsche Reichsbahn ihr neues Fährschiff »Sassnitz« für die Trelleborg-Linie in Dienst. In den Maiwochen 1990 bzw. 1992 konnten nach mehrjährigen Vorbereitungen die Strelasund-Eisenbahnbrücken und die Ziegelgrabenbrücke ausgewechselt werden. Damit wurden noch in der DDR Grundlagen für die weitere Entwicklung des Verkehrswesens auf der Insel Rügen geschaffen.

Als am 25. März 2001 der damalige deutsche Innenminister Otto Schilly und die schwedische Ministerin für Migration im Fährhafen Sassnitz das Schengener Abkommen über die Aufhebung der Grenzkontrollen zwischen Deutschland und Schweden in Kraft setzten, wurde die Bedeutung Rügens als Drehscheibe des internationalen Verkehrs deutlich.

Allee zwischen Trent und Wittower Fähre

Straßenverkehr

Mit dem Jahr 1990 machte sich auch auf Rügen die Verkehrsverlagerung von der Schiene auf die Straße bemerkbar. Der Rügendamm und die B 96 waren total überfordert. Kilometerlange Staus machten nicht nur die An- und Abreise der Urlauber und den Transitverkehr von und zu den Fähren zu nervenaufreibenden Abenteuern. Das Für und Wider einer neuen Rügenbrücke und der Ausbau des Straßennetzes beschäftigen die Gemüter bis heute.

Einige Rügener Straßen gehören zum Projekt »Deutsche Alleenstraße« und unterliegen bei Umgestaltungen besonderen Richtlinien zur Erhaltung des Baumbestandes. Wie weit man auch bei stark genutzten Straßen den Baumbestand zulasten der Durchlassfähigkeit erhalten sollte, bleibt ständiger Streitpunkt.

Im Herbst 2004 begann in Stralsund der Bau der neuen Rügenbrücke. Die bis Mitte 2007 fertiggestellte Brücke gehört zu einem komplexen System zur Verbesserung der Verkehrsanbindung der Insel Rügen, bestehend aus der A 20, dem Autobahnzubringer B 96 n und der Ortsumgehung von Stralsund.

Der Touristenansturm mit dem Auto zwang zu Überlegungen, den Verkehr zu den Sehenswürdigkeiten der Insel wie Stubbenkammer, Jagdschloss Granitz und Kap Arkona neu zu organisieren. Deshalb entstanden im Vorfeld dieser drei Attraktionen Großparkplätze mit Zubringerverkehr.

Der Rügendamm (1936 eingeweiht) verbindet die Insel Rügen mit dem Festland. Der Straßen-, Fußgänger-, Radfahrer- und Eisenbahnverkehr überquert den Ziegelgraben und Strelasund (oben). Bei Öffnung der Ziegelgrabenbrücke für Schiffsdurchfahrten kommt es zu erheblichen Rückstaus (unten).

Bahnhof Putbus: Neben dem Kleinbahnzug steht der moderne Connex.

Bahnhof Ostseebad Göhren: »Rasender Roland« unter Dampf, 2006

Eisenbahnverkehr

Obwohl der Schienenverkehr, wie überall in den neuen Bundesländern, auch auf Rügen an Bedeutung verlor, blieb das Streckennetz der Bahn bis heute erhalten. Vor der Wende kam der größte Teil der Urlauber mit der Bahn nach Rügen – heute mit dem Auto.

Trotzdem bietet die Bahn auf allen Bahnstrecken der Insel Züge im Ein- bis Zweistundentakt an. Darüber hinaus gibt es IC-Verbindungen von und nach Binz über Hamburg und Berlin hauptsächlich in Richtung Rheinland und Bayern. Eine Saison-Autozugverbindung besteht seit dem 3. Juni 2000 zum Fährhafen Sassnitz mit Anschluss an die Fähren nach Bornholm und Schweden.

Die denkmalgeschützte Rügensche Kleinbahn (RüKB) wird seit 1996 privat betrieben. Der größte Teil der Strecke konnte inzwischen saniert und mit modernen Sicherheitseinrichtungen versehen werden. Durch neue gastronomische Einrichtungen, Läden und Ausstellungen erhielten die Bahnhöfe nicht nur ein gepflegtes Aussehen, sondern auch neue Funktionen. Die RüKB ist Touristenattraktion und umweltfreundliches Verkehrsmittel zugleich. Vom Frühjahr bis Herbst fährt die Bahn im Stundentakt und bisher ausschließlich mit Dampflokomotiven. In den Wintermonaten verkehren die Züge alle zwei Stunden. Seit Juni 1999 können die Züge über ein Dreischienengleis bis zum Bahnhof Lauterbach Mole fahren.

Zur Traditionspflege entstand schon vor 1989 ein Museumszug, bestehend aus einem historischen Wagenpark. Bis 1995 konnten die zu diesem Zug passenden Lokomotiven museumsgerecht und betriebsfähig aufgearbeitet werden. Neben dem Fahrplanbetrieb gibt es bei der RüKB, in Zusammenarbeit mit Vereinen, thematische Sonderfahrten u.a. zu Weihnachten, Ostern und zum Schulanfang.

Traditionszug der Rügenschen Kleinbahn am Bahnhof Ostseebad Sellin, 1993

Bäderschifffahrt

Vor 1989 beschränkte sich die Bäderschifffahrt im Bereich der Insel Rügen auf Verbindungen in den Boddengewässern und zur Insel Hiddensee. Fahrten mit Touristen an der Ostküste Rügens entlang und über die offene See blieben nach der politischen Wende von Polen aus die Ausnahme. Im Frühjahr 1990 begann die Reederei Lojewski mit einem in Polen gekauften Schiff wieder mit Fahrten von Sassnitz nach Stubbenkam-

Ostseebad Binz: Seebrücke mit Fährschiff

mer. Andere Reedereien folgten. Außerdem entstanden in den Badeorten der Ostküste neue Seebrücken. Jetzt konnte auch der Linienverkehr Göhren–Sellin–Binz–Sassnitz–Stubbenkammer und zurück wieder belebt werden, wie es ihn schon vor 1939 gab.

Fährverkehr

Die 1897 aufgenommene Postdampferlinie Sassnitz–Trelleborg, die 1909 in eine Eisenbahnfährverbindung umgewandelt wurde, war in der DDR eine bedeutende Devisenquelle. Bis zu 80 Prozent des europäischen Eisenbahngüterverkehrs ging über diese Linie. 1989 wurden hier 5 Millionen Tonnen Güter transportiert. Dieses Ergebnis konnte in den 1990er Jahren nicht wieder erreicht werden. Dafür stieg in den ersten Jahren nach dem Mauerfall die Zahl der Reisenden auf fast 900 000 Personen an.

Nach über 100 Jahren fahren die Schiffe der Linie Sassnitz–Trelleborg seit dem 7. Januar 1998 nun vom neuen Fährhafen Sassnitz nach Trelleborg. Die Gründe für den Umzug sind vielfältig. Der Bahnhof Sassnitz/Hafen war nur über eine Steilstrecke zu erreichen, die hohe Betriebskosten erforderte. Alternativlösungen waren geplant, aber nicht verwirklicht worden. Neben anderen Gründen war es schließlich eine politische Entscheidung, den Fährverkehr auf einen Hafen zu konzentrieren. Im neuen Fährhafen gibt es weiterhin fünf tägliche Abfahrten nach Trelleborg. Auch die Abfahrtszeiten blieben nach dem Umzug unverändert.

Seit 1878 fuhr die Stettiner Reederei Braeunlich zunächst von Sassnitz/Reede und später vom Sassnitzer

Hafen nach Bornholm. Im und nach dem Ersten Weltkrieg ruhte die Bornholmlinie. Durch den Zweiten Weltkrieg und die politischen Veränderungen im Europa der Nachkriegszeit konnte der Liniendienst Sassnitz–Rönne (Bornholm) erst 1978 wieder aufgenommen werden. Seitdem wird die Bornholmlinie wieder regelmäßig, nach 1989 zeitweise ganzjährig, befahren. Die Fahrgastzahlen im Bornholmverkehr stiegen in den 1990er Jahre boomartig an. Dabei waren in einigen Jahren bis zu drei Reedereien am Kampf um die Fahrgäste mit und ohne Auto nach Bornholm beteiligt. Seit 1998 fahren auch die Bornholmschiffe ausschließlich vom neuen Fährhafen Sassnitz und seit 2005 ist von April bis Ende Oktober ausschließlich die dänische Reederei Bornholms Trafikken unterwegs.

Der Fährhafen Sassnitz

Im Jahre 1982 begann im Sassnitzer Ortsteil Mukran der Bau eines neuen Fährhafens. Damit entstand ein Anschluss der europäischen Normalspur (1435 Millimeter Spurweite) an die russische Breitspur (1524 Millimeter Spurweite) über die Eisenbahnfährverbindung ins damals sowjetische Klaipeda.

Die politische Wende und der Zusammenbruch des Handels zwischen den Firmen der ehemaligen DDR und der früheren Sowjetunion wirkten sich ungünstig auf die Transportleistungen dieser Fährverbindung aus. Der Abzug der russischen Truppen aus Deutschland brachte noch einmal höhere Transportleistungen. Konkurrenzlinien und ungenügende Lobby für diese Linie hatten aber einen negativen Einfluss auf die Verkehrsentwicklung. Die Abfahrtsdichte wurde immer weiter reduziert und die Schiffe kamen auf anderen Linien zum Einsatz. Mit der bereits fertiggestellten A 20 und der Vollendung der neuen Rügenbrücke besteht auch für den Erhalt der Linie nach Klaipeda wieder Hoffnung.

1996 versuchte eine zypriotische Reederei einen Liniendienst Kiel–Mukran–St. Petersburg. Dieser Dienst wurde 1997 mit Einsatz der »Transrussia Express« zur Regelmäßigkeit. 2001 übernahm die Reederei Finnlines den Verkehr, wechselte zum Abfahrtshafen Lübeck und betreibt die Linie über den Fährhafen Sassnitz mit gelegentlichen Anläufen in Baltisk (deutsch Pillau bei Königsberg) ein- bis zweimal wöchentlich.

2007 beginnt auf Grundlage eines Vertrages zwischen dem Transportministerium Russlands und dem deutschen Verkehrsministerium der Eisenbahnfährverkehr zwischen dem Fährhafen Sassnitz und dem Hafen Baltisk. Die Linie soll im Laufe des Jahres bis zum russischen Hafen Ust-Luga an der estnisch-russischen Grenze erweitert werden.

Der Tourismus mit Kreuzfahrtschiffen gewinnt im Fährhafen Sassnitz zunehmend an Bedeutung. Den Besuch der landschaftlichen und kulturellen Sehenswürdigkeiten der Insel Rügen haben immer mehr maritime Reiseunternehmen in ihr Programm aufgenommen. Zu Beginn der 1990er Jahre liefen die ersten Kreuzfahrtschiffe den damaligen Hafen Mukran und den Stadthafen an. Waren in den ersten Jahren die meisten Anläufe im Stadthafen zu registrieren, fahren die Schiffe heute fast ausschließlich in den neuen Fährhafen und nutzen dort die sich ständig verbessernden Serviceeinrichtungen.

Granitz – Binz – Sassnitz

Linke Seite:
Blick in den Treppenturm Jagdschloss Granitz: 154 filigran wirkende gusseiserne Stufen führen auf den 78 Meter hohen Mittelturm mit Aussichtsplattform. Er wurde 1844 nach einem Entwurf von Schinkel fertiggestellt.

Zurück auf der Straße durch Baabe, Sellin und Lancken-Granitz in Richtung Bergen erreichen wir den auf der Hinfahrt zum Mönchgut verschmähten Abzweig nach Binz.

Bevor jedoch das unverwechselbare Ostseebad besichtigt wird, empfiehlt es sich, vom Parkplatz aus an der Birkenallee per Fuß, Fahrrad oder »Bähnle« einen Ausflug zum Jagdschloss **Granitz** zu machen. Nach relativ steilem Anstieg, teilweise durch den Wald, taucht dann plötzlich das gewaltige Jagdschloss auf und beeindruckt durch seine Dimensionen, seine Ausstattung und den Turm, der auch hier bei schönem Wetter weite Sichten über die Insel Rügen, das Meer (Prorer Wiek bzw. Rügischer Bodden) und die Wälder ermöglicht. Auch die prachtvolle Innenausstattung sollte man sich ansehen.

Die Birkenallee führt bis zum Ortseingang, dann quert die Straße die Kleinbahnschienen und führt in das Ostseebad **Binz**. Der sorgsam sanierte Kleinbahnhof ist Haltepunkt und Umstiegsmöglichkeit für den »Rasenden Roland« und den Traditionszug zwischen Göhren und Putbus bzw. Lauterbach.

Das Restaurant im Bahnhofsgebäude »Rasender Roland« bietet Speisen an, die alle einen eisenbahnspezifischen Namen haben – die »Übersetzung« steht dabei. Die Bedienung in Schwarz mit roter Zugführerschärpe und Dienstmütze serviert, während die dampfenden, pfeifenden Lokomotiven rangieren und die Züge mit den Urlaubern am Freisitz vorbeifahren und so die optische Ergänzung zum »Lokführerschmaus« bilden (Abb. S. 20).

Über die Bahnhofstraße, die pulsierende Hauptstraße, führt der Weg bis zur Strandpromenade mit der wiedererbauten Seebrücke (370 Meter führt sie in den Prorer Wiek). Die Bänke auf dem Kurplatz bieten erst einmal eine Verschnaufpause an. Die vielfältigen Eindrücke müssen verdaut und Pläne für das Weiterwandern geschmiedet werden. Batterien, Akkus oder Filme können im traditionsreichen Fotogeschäft Zobler be-

Jagdschloss Granitz: 1990 sind die begonnenen Restaurierungsarbeiten noch voll im Gang (oben). Saniert empfängt das Schloss seine Besucher, 2005 (unten).

Ostseebad Binz: Luftaufnahme von 1992. Hauptstraße, Rondell, Strandpromenade und Kurhaus Binz

schafft werden und nebenan lockt das leckere und erfrischende, aber auch kalorienreiche Eisangebot. Die erste Route auf der Strandpromenade führt in Richtung Silvitzer Ort. Immer wieder beeindrucken die restaurierten Villen, Pensionen und Hotels und die Neubauten, die nach der Wende 1989 entstanden sind und glanzvolle Namen tragen, wie z. B. »Kempinski Resort Hotel Bel Air«. Außerdem duftet es verführerisch nach geräuchertem Fisch. Die Fischräucherei Kuse, seit Jahrzehnten hier am Platz, hat sich aus bescheidenen Anfängen heraus enorm entwickelt. Das leckere Angebot, gekühlte Getränke, Plätze im Haus oder auf dem Freisitz laden zum Verweilen und Stärken ein. Dazu gibt es gratis den Blick auf die schönste Bucht der deutschen Ostseeküste bis hin nach Mukran und Sassnitz. Wenige Meter entfernt lockt der feine Sand zur Strandwanderung oder zu einem Bad im Prorer Wiek vor der herrlichen Kulisse des Ostseebades Binz mit seinem Kurhaus, dem Kurplatz und der Seebrücke.

So gestärkt und erholt ist die Wanderung auf der Strandpromenade vom Kurhaus aus in nördliche Richtung ein Muss, vorbei an den verschiedenartigsten Häusern und Hotels mit ihrer prachtvollen Bäderarchitektur, den schmückenden Elementen und Details, den Türmen und Türmchen. Natürlich laden viele Häuser auch zur Einkehr ein. Wer noch keine Blasen an den Füßen hat, kann immer weiter wandern bis hin zu den in der DDR-Zeit entstandenen Plattenbauten, deren

Zimmer vom Feriendienst des FDGB an die Werktätigen vergeben wurden, heute aber modernisiert und angepasst den anspruchsvollen Urlauber empfangen.

Wer noch genügend Zeit hat, schlendert die gepflegten Straßen entlang und entdeckt Weiteres, so in der Zeppelinstraße 10 das Historische Binz-Museum, das Fälschermuseum oder aber den Schmachter See und die mit großem Aufwand gestalteten Anlagen.

Von Binz starten wir jetzt in Richtung Prora, vorbei am gepflegten Bahnhof und seinem Vorplatz, und haben nach wenigen Kilometern den Koloss von Prora, das »KdF-Seebad der Zwanzigtausend«, erreicht. Dieses nationalsozialistische Projekt ist ein schlimmer Kontrast zum aus dem Fischerdorf gewachsenen Ostseebad Binz, das schon als »Nizza des Nordens« bezeichnet wurde. Bedingt durch den Zweiten Weltkrieg wurde der Koloss nicht fertiggestellt und auch nicht im Sinne der Erholung zehntausender Menschen genutzt. Nach dem Zweiten Weltkrieg war hier viele Jahre Sperrgebiet, das Gelände wurde von der Sowjetarmee bzw. dann der NVA genutzt. Heute bieten verschiedene Einrichtungen Informationen an, um mit glorifizierenden Gedanken aufzuräumen. Die Jugend findet in der Diskothek »M 3« Unterhaltung.

Auf der Straße nach Sassnitz rollen wir weiter die »Schmale Heide« entlang, um vor Mukran auf dem Parkplatz anzuhalten. Ungewöhnlich ist der Anblick der schier endlosen Feuersteinfelder, Kern des 199 Hektar

Verändertes Ostseebad Binz: Luftaufnahme von 2006. Sanierte Dachlandschaft der Hauptstraße, Rondell, Strandpromenade, Teil der Seebrücke und in der Bildmitte das sanierte Kurhaus Binz

*Ostseebad Binz: Strandpromenade 20; »Hofburg« in unansehnlichem Zustand, 1989 (links).
Daneben zeigt sie sich als Hotel »Imperial« 2006 in einem einladenden, attraktiven und repräsentativen Zustand (rechts).*

Strandpromenade 62; FDGB-Heim »Rugard«, 1985 (links); daneben restauriert sowie mit Auf- und Anbauten versehen das Strandhotel »Rugard«, 2005 (rechts)

Ostseebad Binz: Dünenstraße/Sonnenstraße, Villa »Hoffnung«, 1992 (oben). Nach sorgsamer Restaurierung hat sie 2005 ihre Turmhaube wieder (unten).

Ostseebad Binz: Strand für Badelustige mit Blick zum dominanten Kurhaus Binz »Travel Charme Hotel GmbH«, 1992 (oben) und 2005 (unten)

Ostseebad Binz: 1992 lockte Jürgen Kuse mit frischem Räucheraal zur Strandpromenade 3. Der Verkaufsraum war die Terrasse, das Angebot hing im Freien; Fischkisten grenzten die Sitzfläche ein (oben).
Aus dem Provisorium wurde ein massiver Bau mit attraktiver Werbung, Vordach, gekühlter Angebotstheke mit diversen Leckereien und Getränken, Gastraum und sanitären Einrichtungen. Ein Freisitz mit Ausblick auf den Prorer Wiek, den Strand und das Kurhaus von Binz wird von den Gästen gern besucht (unten).

Ostseebad Binz: Strandpromenade, 1987, eine abgewirtschaftete, leer stehende Pension (oben). 2006 ist das Gebäude nicht wiederzuerkennen. Sorgsam saniert, mit aufgesetztem Eckturm und Anbau von Balkonen, ist es heute ein Blickfang (unten).

großen Naturschutzgebietes. Insgesamt 17 Geröllwälle bilden ein etwa 2 500 Meter langes und 300 Meter breites Strandwallsystem. Zum Schutzgebiet gehört Mischwald mit alten Kiefern, Stieleichen, Bergahorn und auf den Feuersteinfeldern findet man Wacholderbüsche, Hundsrose, Heidekraut, Heidel-, Krähen- und Vogelbeere. Für den gestressten Städter ist das hier eine Oase der Ruhe und Naturschönheit, wenn nicht gerade Mücken die Freude trüben.

Der Fährhafen Sassnitz wurde durch Mukran abgelöst. Man kann das Ein- und Auslaufen der Fährschiffe und das Be- und Entladen der gewaltigen Scandlines-Fähren beobachten, die zwischen Mukran und den skandinavischen Ländern Dänemark und Schweden verkehren. Eisenbahnzüge kommen aus dem Schiffsbauch bzw. verschwinden darin, Autokolonnen kurven auf Straßen vom gewaltigen Parkplatz ebenfalls in das Schiffsinnere bzw. rollen von der Fähre auf die Insel. Von Zeit zu Zeit lockt das Kreuzfahrtschiff »Aida« Schaulustige und Fotografen zum Hafen, doch hier hält sich das Be- und Entladen in Grenzen. Tagsüber kann man beim Bäcker & Konditor Peters auf großzügigem Parkplatz sein Fahrzeug abstellen, einen Blick durch die Glasscheiben in die Bäckerei werfen, um dann auf dem Freisitz frische Backwaren, Speisen und Getränke zu bestellen. Zudem hat man von dort gratis einen tollen Ausblick auf die ein- und auslaufenden Schiffe des Fährhafens.

Noch wenige Kilometer, dann haben wir **Sassnitz** erreicht. Vieles hat sich verändert, vieles ist noch zu tun. Am Bahnhof ist 2006 ein zentraler Busbahnhof entstanden, von wo aus man die Einkaufspassage erreicht, zum Hotel gelangt und weiter zum Hafen von Sassnitz fahren kann. Der einstige Fischerei- und Fährhafen wurde umgebaut und die Besucher nutzen die jetzige Flaniermeile zum Einkaufen, zum Verzehr von frischem Fisch oder lassen sich mit Motorbooten zu den Kreidefelsen des Naturparks »Jasmund« schippern, um von der Ostsee aus das Panorama der Stadt,

die scheinbar endlose Landschaft der Kreidefelsen mit den Wissower Klinken, der Kieler Bucht bis hin zur »Victoriasicht« bzw. dem »Königsstuhl« zu genießen. Im Hafen lockt das britische U-Boot »H.M.S. OTUS« der Oberon Class zur Besichtigung. Korpulentere Besucher seien aber gewarnt: Die Schleusen sind für relativ kleine und schlanke Matrosen gebaut worden. Das gesamte Schiff – unter Wasser – vom Torpedorohr, Periskop, den Mannschaftsräumen, der Kombüse und Schlafgelegenheit, dem Funkraum bis hin zum Antrieb vermittelt einen kleinen Eindruck vom Leben auf einem U-Boot. Es drängt sich der Vergleich zur Gaststätte »Nautilus« in Neukamp auf. Dort erlebt man die fantasievolle Gestaltung der Unterwasserwelt (Abb. S. 20) und hier die harte Realität ohne die besonderen Annehmlichkeiten der gastronomischen Betreuung. Wer gut zu Fuß ist und genügend Zeit einplant kann von der Strandpromenade aus, vorbei an »Klein Helgoland«, einem mächtigen Felsen in der Ostsee, den schmalen Strand entlang der Kreidefelsen wandern. Dabei kann man ein sich ständig änderndes Bild der Kreidefelsen, der Stubnitz mit dem Bewuchs und mit den Abstürzen erleben. Insider kennen die Stellen, wo man Fossilien finden kann. Naturparkschützer warnen aber vor der Mitnahme der Donnerkeile, Sassnitzer Blumentöpfe und anderer Fundstücke. In der Kieler Bucht führt eine Treppe nach oben in Richtung »Waldhalle« – hier ist der berühmte Blick auf die Wissower Klinken möglich.

Sassnitz: Luftaufnahme vom September 2006, Teil der Stadt mit Konservenfabrik »Rügenfisch« (im Bild unten) und ehemaliger Fähranlage (Mitte). Die 1444 Meter lange Mole (längste Außenmole Europas), von 1889 bis 1912 in Stein erbaut, 1978/79 im Eiswinter schwer zerstört, in den neunziger Jahren wieder aufgebaut, wird gern als Promenade genutzt.

Sassnitz: Hauptstraße 27/Hafenstraße, 1985 (oben).
Nach der Sanierung ist der Gebäudekomplex mit Dachaufbau, Eckturmhaube sowie angepasstem modernem Anbau Sitz der Sparkasse Rügen, Filiale Sassnitz, 2006 (unten).

Sassnitz: Das 1910 vom Gemeinderat und dem Badedirektor bezogene »Gemeinde- und Badehaus« im Zustand von 1986 (oben).
Das jetzt als Rathaus genutzte Gebäude präsentiert sich nach seiner Rekonstruktion 2001 bis 2003 in dem Zustand, wie es 1908 der Berliner Architekt Gustav Bähr entworfen hat (unten).

Sassnitz – Hafen und Stadtentwicklung

Dieter Holtz

Die Stadt Sassnitz als solche mit ihren nahezu 11 000 Einwohnern ist 2007 50 Jahre alt. Mit dem 1. Januar 1957 wurde ihr durch den damaligen Rat des Bezirkes Rostock das Stadtrecht verliehen. Da hatte der Ort bereits eine wechselvolle Geschichte hinter sich. Welche Geschichte er vor sich hatte, konnte zu der Zeit niemand ahnen. Die Zukunft schien relativ festgefügt. Doch nichts ist so beständig wie der Wandel und wie ein Politiker sagte, jähe Wendungen sind nicht ausgeschlossen. Bis heute ist diese Geschichte in der Stadt ablesbar. In der Beschreibung könnte man mit den Siedlungsresten und Artefakten aus der Slawenzeit beginnen, in der Sassnitz seinen Namen bekam. Am berühmtesten sind die sogenannte Herthaburg am Herthasee in der Nähe des Königsstuhls auf Stubbenkammer oder die da und dort auf Gehöften zu findenden Trogmühlen und selbstverständlich die Großsteingräber, wie das im Dwasiedener Wald.

Als Fischerdorf fanden Sassnitz und das Bauerndorf Crampas schon früh Erwähnung. 1883 erbauten beide Gemeinden auf der Ortsgrenze die St. Johannis-Kirche. Aus beiden Orten wurde 1906 die Gemeinde Sassnitz. 1910 bezogen der Gemeinderat und der Badedirektor das neu erbaute »Gemeinde- und Badehaus«, das heutige Rathaus, in dem bis in die sechziger Jahre des 20. Jahrhunderts Wannenbäder genommen werden konnten. Das Rathaus wurde 2001 bis 2003 zum größten Teil rekonstruiert und damit der Zustand wiederhergestellt, wie ihn 1908 der Berliner Architekt Gustav Bähr entworfen hatte.

Sassnitz: Promenade zur »Kurmuschel« vorbei am Hotel »Fürstenhof« und dem ehemaligen »Wiener Café«

Dieses Haus steht neben vielen anderen als Beispiel einer glanzvollen Zeit für Crampas und Sassnitz als Badeorte der damaligen High Society. Die Familie der Hohenzollern bis hin zu Kaiser Wilhelm II. besuchte und wohnte in Sassnitz. Prinz Friedrich Karl von Preußen ließ Mitte der siebziger Jahre des 19. Jahrhunderts für den Aufenthalt seiner Familie die Prinzlichen Blockhäuser unmittelbar am Rande der Stubnitz errichten. Der Berliner Bankier Baron von Hansemann erbaute ebenfalls in den siebziger Jahren das Schloss Dwasieden, heute eine Ruine.

Begonnen hatte alles mit den Romantikern, die Ende des 18. Jahrhunderts Rügen entdeckten. Pastoren in Sagard, Altenkirchen und anderen Orten waren oft die Freunde und Gastgeber. 1824 schickte der Berliner Philosoph und Theologe Friedrich Schleiermacher, der in Sagard in die Pastorenfamilie eingeheiratet hatte, seine Frau und Kinder nach Sassnitz in eines der Fischerhäuser in die Sommerfrische. Das war der Beginn der touristischen Zeitrechnung, würde man heute sagen.

Im »Hotel Fahrnberg« logierten so prominente Leute wie Johannes Brahms und Theodor Fontane. Johannes Brahms beendete hier seine 1. Sinfonie, von ihm in einem Brief beschrieben als eine schöne Sinfonie, die an den Kreideklippen Rügens hängen blieb. Theodor Fontane siedelte einen Handlungsstrang seines Romans »Effi Briest« in Sassnitz an und entlehnte eine Reihe Namen aus der Region, so ist der Freund von Effi Briest der Major Crampas. In diesem Roman wurde das bis heute für die Stadt gültige touristische Leitmotiv kreiert: »Nach Rügen reisen, heißt nach Sassnitz

Sassnitz: Zwischen Hafen und 2006 eröffnetem Busbahnhof befindet sich das neue, moderne Zentrum »Rügen-Galerie«, 2006.

reisen.« In den dreißiger Jahren des 20. Jahrhunderts wurde in der Hotelanlage eine Schulungsburg der DAF errichtet, nach 1945 ein Krankenhaus. In den neunziger Jahren wurde es abgerissen.

Nach dem Niedergang des Bade- und Gastbetriebes in den Weltkriegen und der Prägung des Ortes durch die Hafen- und Fischindustrie wurde nach 1990 bewusst wieder an Traditionen angeknüpft und der Weg zum Erholungs- und Kurort beschritten. Beherbergungsbetriebe, vor allem familiengeführte, etablierten sich neu. Strukturen für einen Kurort wurden entwickelt. Die Altstadt von Sassnitz wurde städtebauliches Sanierungsgebiet. Die Bäderarchitektur entwickelt hier einen besonderen Reiz, weil sie in einer Schlucht, hier Liete genannt, zum Meer hin abfallend angesiedelt wurde. Überhaupt hat Sassnitz eine besondere geografische Lage und geologische Grundlage. Terrassenförmig am Hang der Stubnitz an der Prorer Wiek nach Süden gelegen, ist die Stadt landseitig eingebettet zwischen Kreideküste und den Buchenwäldern des Nationalparkes und unmittelbar am Meer gelegen.

An den Bauwerken, ihrer oftmals geänderten Nutzung, ist der starke und mit komplizierten Aufgaben verbundene Strukturwandel der Stadt abzulesen. Grundlegend hat sich die Situation am Königsstuhl gewandelt. Nachdem 1990 als nahezu letzter Akt der DDR-Regierung der Nationalpark Jasmund mit seiner einmaligen Kreideküste und dem Buchenwald begründet worden war, errichteten die Stadt und der World Wide Fund For Nature (WWF) gemeinsam mit dem Land Mecklenburg-Vorpommern das Nationalpark-Zentrum Königsstuhl, dort, wo einst das Schweizerhaus stand, später ein Hotel und dann Armeegelände war. Das Hotel ist in eine einmalige Ausstellung zum Nationalpark Jasmund integriert worden. Aber auch im Stadtgebiet selbst gibt es ein neues Zentrum mit der Rügen-Galerie und dem Busbahnhof.

1998 wurde Sassnitz »Staatlich anerkannter Erholungsort« und befindet sich nun auf dem Weg zum Kurort. Jeder in Sassnitz hofft, dass die 1993 im Gebiet des Schlosses Dwasieden erbohrten Thermal- und Solequellen endlich sprudeln. Der ehemalige Schlosspark und die Schlossruine mit den Hinterlassenschaften der seit 1936 dort ansässigen Armeen soll Kurgebiet werden. Zwischen dem Kurgebiet und dem Dwasiedener Wald sind gemeinsam mit dem Rügener Golfplatzbetreiber in Karnitz Planungen für einen nordischen Golfplatz unmittelbar am Meer in vollem Gange.

Die Kreide als bergbaulicher Rohstoff wird vor allem der industriellen Nutzung zugeführt. Die Verwendung als Heilmittel hätte darüber hinaus großen Vorteil und eine breitere Anwendung wäre wünschenswert, denn da die Kreide im Stadtgebiet von Sassnitz abgebaut wird, gibt es den Alleinstellungsanspruch als örtlich gebundenes Heilmittel. Bereits von den zwanziger Jahren bis in die sechziger Jahre des 20. Jahrhunderts war Krei-

Hafen Sassnitz: Fischkutter vor der Stadtkulisse, 2006

de als Heilmittel angewandt worden. Der Weg zum Thermal- und Kreideheilbad Sassnitz heute ist inzwischen beschritten. Glücklicherweise hat sich das Kreidewerk Klementelvitz in den neunziger Jahren wieder als eine Schwerpunktindustrie etablieren können. Auch dort wurde viel investiert.

Bestimmend für die andere Seite der Stadt, den Industriestandort, war und ist die Hafenwirtschaft mit der Fischwirtschaft und dem Fährverkehr sowie dem touristischen Seeverkehr. Baubeginn für den Stadthafen war das Jahr 1889, zunächst als Fischerei- und Schutzhafen, insbesondere für die von Wilhelm II. so geliebte Marine. Matrosenanzüge prägten nicht nur die Kinderporträts der damaligen Zeit.

Zum Stadthafen gehört die von 1889 bis 1912 erbaute Steinmole mit Molenfeuer, das man auf dem Stadtwappen von Sassnitz wiederfindet. Mit ihren 1 444 Metern ist sie nicht nur eine der längsten Außenmolen Europas, sondern eine der schönsten Promenaden dieser Art. Die Silvesternacht oder eine Molensoiree im Sommer dort zu begehen, ist für viele Sassnitzer und Gäste ein Muss. Die Mole wurde im Eis- und Schneewinter 1978/79 schwer zerstört und im Laufe der Jahre, insbesondere in den neunziger Jahren, wieder aufgebaut.

Mit der Eröffnung der Postdampferlinie Sassnitz–Trelleborg im Königreich Schweden 1897 erhielt der Hafen internationale Bedeutung. Wilhelm II. und der schwedische König Gustav V. eröffneten 1909 die Eisenbahnfährlinie Sassnitz–Trelleborg, die bis heute – mit Unterbrechung am Ende des Zweiten Weltkrieges – den Fährverkehr in der Stadt prägt. Wer denkt nicht an die Einmaligkeit des »Sachsenblickes« auf den Fährhafen neben dem heutigen Kur-Hotel, dem traditionsreichen ehemaligen Seemannsheim der Sassnitzer Fischer. Die Fährlinie Sassnitz–Trelleborg wurde 1998 in den neuen Fährhafen Sassnitz (Mukran) verlagert. Danach und nach Weggang der Armee sowie der Öffnung der von der Fischerei beanspruchten Flächen erhielt der Stadthafen zunehmend einen maritim-touristischen Charakter mit vielfältigen baulichen Veränderungen und Ergänzungen, darunter einer neuen Fußgängerbrücke, die ab Sommer 2007 das Stadtzentrum mit dem Hafenzentrum verbindet.

Auf den Promeniermeilen im Stadthafen (1,2 Kilometer), der Mole (1,4 Kilometer), entlang der Promenade, wo damals der riesige Betonklotz des Netzbodens stand, an der Altstadt vorbei bis hin zu den Küstenwanderwegen unter- und oberhalb der Kreidefelsen gibt es sehr viel Platz und sehr viel abwechslungsreich Schönes für eine große Zahl von Touristen und für die Rüganer.

Neben der Neuetablierung der Tourismuswirtschaft auch im Stadthafen haben sich Fischerei und Fischwirtschaft sehr gut in Sassnitz halten können. Vor allem

Letztere hat nach 1945 die Stadt bestimmt, zunächst als Nahrungs- und Erwerbsgrundlage für die durch Kriegswirrungen um das Dreifache angewachsene Bevölkerung. Sie prägte aber auch das Stadtbild durch Hafenanlagen mit Wirtschaftsbauten sowie die Entstehung neuer Wohngebiete. So konnte Sassnitz 1957 das Recht erwerben, Stadt zu sein. Die mangelnde Pflege zu DDR-Zeiten schadete der Bausubstanz – eine Herausforderung unter den neuen Bedingungen der staatlichen Einheit Deutschlands und der Marktwirtschaft für die kommunale Selbstverwaltung der Stadt sowie für die alten und neuen Eigentümer. Manches Gebäude wartet aber noch auf seinen Liebhaber, wie das »Wiener Café«, das »Hotel am Meer« oder das »Stubnitz-Kino«.

Die Verlagerung, die Rekonstruktion oder die Entstehung von Betrieben mussten verbunden werden mit den Ansprüchen eines Tourismusortes und den Ansprüchen, die die Einwohner an ihren Wohnort stellen. Der Drang zum Eigenheim konnte in Sassnitz immer wieder befriedigt werden. Auch altengerechtes Wohnen ist kein Problem.

Bemerkenswert für die Fischindustrie sind am Ende die erfolgreiche Rekonstruktion und die Marktführerschaft der Konservenfabrik »Rügenfisch« (ehemals Fischwerk Sassnitz) sowie der Aufbau eines großen Fischverarbeitungszentrums im Bereich des Fährhafens Sassnitz in Mukran. Auf dieser Basis haben auch die hiesigen Fischer der zwei Genossenschaften wieder eine ausreichende Lebensgrundlage.

Ein besonderes Kapitel für die Stadt ist der Fährhafen Sassnitz im Ortsteil Mukran. 1986 in Dienst gestellt, fand nach 1990 mit der Veränderung der politischen Verhältnisse in der damaligen Sowjetunion und der Verringerung der Verkehrsströme ein gravierender Wandel statt, der sich auch in baulichen Anlagen ausdrückt. Für den Fährverkehr nach Trelleborg, Bornholm und zu anderen Zielen wurden Anlagen und Terminals, Aufstellflächen und Eisenbahnanlagen neu gebaut. Der Rückgang des Eisenbahnverkehrs und die Zunahme der Straßentransporte erforderten neues Denken und Handeln. Eisenbahnflächen westlich des Hafengeländes wurden frei und für Industrieansiedlungen erschlossen. Der in Gang gekommene Direktverkehr in neu erbaute Ostseehäfen Russlands muss baulich und logistisch bewältigt werden. Mit einer Renaissance des Eisenbahnverkehrs wird gerechnet.

Fischer im Hafen von Sassnitz, 2006

Nach Niedergang und Stagnation wird in Sassnitz wieder auf eine starke Belebung des Fährverkehrs gesetzt, auf die Ansiedlung hafennahen Gewerbes oder die Nutzung der Möglichkeiten durch Dritte, wie Kreuzfahrer. So werden sich hoffentlich auch in der Zukunft Industrie, Gewerbe und Tourismuswirtschaft mit dem Wohl der Einwohner und ihrer Gäste verbinden.

Beim Schreiben habe ich bemerkt, dass noch weit mehr zu sagen wäre, aber auch, dass noch viel zu tun ist, dass die durchaus »blühenden Landschaften« auch weiterhin Lebensraum und Lebenschance für die Einheimischen und Neubürger verschiedenster Lebensweisen und Einkommensgruppen bleiben, dass die sozio-kulturelle und städtebauliche Identität als unverwechselbare Stadt Sassnitz erhalten und behutsam, aber trotzdem nicht langsam ausgebaut wird, dass es nie wieder einen 6. März 1945 geben darf, der Teile der Stadt durch Bomben in Schutt und Asche legte und viele Menschenleben kostete. Der Stadt und den Menschen ist eine friedliche und von Existenzsorgen freie Zukunft zu wünschen.

Konditorei Bäckerei Peters – Von der Backstube zum Großunternehmen

Ines Petri

Dieses Buch gibt uns die Gelegenheit, den Film unserer Firmengeschichte zurückzuspulen und an uns vorbeiflimmern zu lassen. Leider verbleibt uns im turbulenten Alltag selbst wenig Zeit, vergangene Jahre Revue passieren zu lassen. Daher haben wir spontan zugesagt, als wir gebeten wurden, die Historie unserer Bäckerei den Lesern dieses Buches näherzubringen. So wie die Insel Rügen im Laufe der Zeit ihr Gesicht verändert hat, wurde auch die Entwicklung der Bäckerei durch viele Einflüsse geprägt. Dennoch ist es über die Jahre gelungen, Handwerk und Tradition mit dem Fortschritt zu verbinden. Wir laden Sie zu einer Zeitreise durch die vergangenen 50 Jahre ein. Am Anfang dieser Firmengeschichte stehen die Worte »Leidenschaft und Liebe zum Beruf«.

Otto Peters beendete 1957 seine Ausbildung zum Konditor, ging auf Wanderschaft und lernte als Patissier in den Hilton Hotels die Schweiz, England und Jamaika kennen. 1964 kehrte er an seinen Geburtsort Sassnitz zurück. Im Hause seiner Eltern, die eine Schuhmacherei betrieben, eröffnete er im Jahre 1964 sein erstes Geschäft. Die »Konditorei Peters« startete mit vier Mitarbeitern. Kurze Zeit später lernte er seine Frau Ursula kennen, die er 1967 heiratete. Dass sie gemeinsam den Grundstein für ein erfolgreiches Familienunternehmen legten, konnten sie zu diesem Zeitpunkt noch nicht erahnen.

Otto Peters 1964 in der Backstube

In einer für damalige Verhältnisse gut ausgestatteten Backstube begann die Historie der Konditorei Bäckerei Peters. Konditor – das ist für Otto Peters nicht nur ein Beruf. Er verknüpfte damit das Interesse, das Konditorhandwerk zu leben und zu pflegen. Unter seinen Händen und denen seiner fleißigen Mitarbeiter entstanden leckere Torten, Kuchen und Spezialitäten. Diese Arbeit musste schon von Leidenschaft geprägt sein, denn die DDR-Zeiten waren nicht einfach. Allzu oft wurden der Kreativität Grenzen aufgezeigt, die man nur mit innerem Willen und auch Lebensfreude überwinden konnte. Heute werden Erlebnisse von damals mit ganz anderen Augen gesehen und mit Schmunzeln zum Besten gegeben. Erst nach der Wende war es möglich, vieles von damals aus einem anderen Blickwinkel zu betrachten, wurde doch erst im Nachhinein klar, unter welchen restriktiven Bedingungen sich das Handwerk behaupten konnte. Dass Rezepte zur Genehmigung beim Rat des Kreises eingereicht werden mussten, dass besondere Zutaten ohnehin schwer zu bekommen waren, erschien fast normal. So verließen täglich allerlei Köstlichkeiten die Backstube und wurden mit Freude von den Sassnitzern und deren Gästen gekauft, stellten doch die Torten und Kuchen einen willkommenen Genuss dar! So nahm die Zeit ihren Lauf…

Die Veränderungen im Jahre 1989 bedeuteten auch eine Herausforderung für den Familienbetrieb. Otto und Ursula Peters mussten sich auf die veränderten Rahmenbedingungen einstellen. »Meine Eltern haben in einem Alter von vorn angefangen, in dem andere beginnen, über den Ruhestand nachzudenken, jedenfalls keine Abenteuer mehr eingehen«, sagt Sohn Nils Peters heute zu dem mutigen Schritt. Ihnen wurde recht schnell bewusst, dass es unter marktwirtschaftlichen Bedingungen eine Änderung und Erweiterung des bisherigen Angebotes geben musste.

Sassnitz: Hauptstraße, Stammhaus der Familie Peters vor der Wende (links oben), modernisiert 1992 (rechts oben)
Sassnitz, Hauptstraße 66 vor und nach der Sanierung (unten)

Wehmut kam nicht auf – ganz im Gegenteil: Die Wende 1989 gab Otto und Ursula Peters Gelegenheit, frei durchzuatmen. Es ergaben sich neue Chancen für das Unternehmen. Mit Dynamik, Energie und Fleiß hat die Familie gemeinsam die Öffnung der Grenze genutzt, um den westdeutschen Backwarenmarkt zu erkunden: Sie suchten Kontakte zu westdeutschen Kollegen, die bis heute gepflegt werden. Sie besuchten Fachmessen und haben mit unglaublicher Wissbegierde alle Informationen aufgesogen. Rechtzeitig erkannten sie, dass der unternehmerische Schwerpunkt von der Konditorei zur Bäckerei verlagert werden musste. Die Nachfrage nach Torten und Kuchen ging aufgrund der Flut von anderen Genüsslichkeiten zurück. Gleichermaßen jedoch stieg die Nachfrage nach hausgebackenem Brot und Brötchen. Ganz ungefährlich war es nicht, dieses neue Terrain zu betreten. Die Backwarenindustrie und der Lebensmitteleinzelhandel erkannten nach der Wende die Gunst der Stunde. Sie übernahmen ehemalige HO-Läden und die Backkombinate und hatten somit relativ schnell einen großen Marktanteil. So stellte es für die einheimischen Bäcker eine echte Herausforderung dar, sich zu behaupten. In dieser Phase, die entscheidend für die weitere Ausrichtung des Betriebes war, standen der Familie Peters ein engagiertes Beratungsbüro sowie erfahrene Berufskollegen aus den alten Ländern hilfreich zur Seite. Kenntnisse, Wissen und Erfahrungen wurden auf sehr persönliche Weise weitergereicht. Aus der kollegialen Verbindung entstanden echte Freundschaften.

Mukran: Außenansicht der Bäckerei Peters. Im Vordergrund Freisitze für Kunden und rundum gestaltete Grünanlagen, 2006

Daraus ergab sich auch die Chance für den Sohn Nils Peters, 1991 eine Bäckerlehre in einem anderen Betrieb zu beginnen. Astrid – die Tochter – absolvierte erfolgreich ein Betriebswirtschaftsstudium in Rostock. Sie wollten sich den frischen Wind der »weiten« Welt um die Nase wehen lassen und sich außerhalb des elterlichen Betriebes behaupten. Ihr Ziel war es, die Eltern später im Unternehmen zu unterstützen. 1990 kaufte Familie Peters wenige 100 Meter vom elterlichen Stammhaus entfernt Haus und Grundstück einer ehemaligen Bäckerei. Da dieses Objekt ausreichend Platz bot, war es möglich, hier ein neues Backhaus zu errichten. Viele Jahre galt dieser Standort des Betriebes in der Hauptstraße 66 in Sassnitz als Hauptsitz. Aber auch die Bäckerei im Elternhaus wird bis heute als Filiale weitergeführt, sind doch mit diesem Gebäude viele Erinnerungen verknüpft.

Der Zuspruch der Kunden sorgte dafür, dass Peters alle Hände voll zu tun hatten. »Die Arbeit machte Spaß. Die Kunden und auch die Mitarbeiter liebten die fast familiäre Atmosphäre. Wir konnten mehr und mehr in unsere Aufgaben hineinwachsen und uns viele Erfahrungen aneignen.« Der zunehmende Erfolg ermunterte Familie Peters zu einem weiteren Schritt. 1993 wurde eine zusätzliche Filiale in Sassnitz eröffnet. Dies stellte wohl den endgültigen Durchbruch dar, denn in den folgenden Jahren kamen Filialen in Bergen, Binz, Sellin und Sassnitz hinzu. Höhepunkte der Erweiterung waren der umfangreiche Um- und Ausbau des Haupthauses in Sassnitz 1995 sowie die Eröffnung des Cafés in Binz 1998.

1995 wurde die Konditorei Bäckerei Peters als erstes rein ostdeutsches Unternehmen mit dem Unternehmer-Preis im Backgewerbe, dem »Marktkieker«, ausgezeichnet. Diese Ehrung von Fachleuten aus der Branche bestätigte, dass das Unternehmen auf dem richtigen Weg war und spornte die Familie zu neuen Herausforderungen an.

Mukran: Bäckerei Peters, Verkaufstheke und Plätze für Gäste im Innern der neuen Bäckerei. Nach außen schließen sich Terrassen mit Freisitzen an. Ein herrlicher Ausblick auf die Schiffe des Fährhafens Mukran und Prorer Wiek ist gratis, 2006.

Derzeit werden zehn Filialen auf Rügen betrieben. Es versteht sich von selbst, dass diese Expansion mit der Schaffung von Arbeitsplätzen einherging. Während 1996 insgesamt 35 Angestellte beschäftigt waren, sind es heute mehr als 80, in Spitzenzeiten knapp 100 Mitarbeiter. Während in den Anfangsjahren Herr Peters die Kuchen direkt aus der Backstube in den Verkaufsbereich brachte, sind heute mehrere hauseigene Fahrzeuge auf Rügens Straßen unterwegs, um die Filialen und Hotels zu beliefern. Trotz dieses erstaunlichen Wachstums in kurzer Zeit sind die Peters ihren Idealen treu geblieben: Handwerk, Tradition und Verbundenheit zur Insel.

Das Wachstum machte es auch erforderlich, das Unternehmen neu zu strukturieren. Das bisherige Einzelunternehmen wurde im Jahr 2003 in eine GmbH umgewandelt. Dies war gleichzeitig der Zeitpunkt des Einstiegs für den Junior Nils Peters in die Geschäftsleitung und der Beginn für die umfangreiche Planung der neuen Bäckerei mit Café in Sassnitz/Mukran. 2006 war ein Jahr, in dem ein neues Kapitel in der Firmengeschichte der Bäckerei begann. Die neue Bäckerei in Mukran wurde gebaut und konnte eingeweiht werden. »Wir brauchen in den nächsten Jahren Mut und Kraft, denn wir wollen die Chancen und Möglichkeiten voll ausschöpfen, die wir uns mit der neuen Bäckerei geschaffen haben«, so die Worte von Nils Peters bei der Eröffnung. Als Familie Peters 1964 die erste Seite ihres Buches zur Firmengeschichte schrieb, vermutete sie nicht, dass so viele Seiten mit Erlebnissen, Erfahrungen und Eindrücken darin Platz finden werden. Eines ist jedoch sicher: Es ist kein Märchen, sondern ein Lebenswerk, dem hoffentlich noch viele Kapitel hinzugefügt werden können.

Sagard – Stubbenkammer

Linke Seite: Stubbenkammer mit Königsstuhl, 2006

In **Sagard**, um 1794 Badeort mit schwefeleisenhaltigen Quellen und einst ältester Badeort Rügens, erinnert heute nichts mehr an diese Zeiten. Bemerkenswert sind die 1210 errichtete Kirche St. Michael und das Deutsche Boxsport Museum mit über 20 000 Exponaten des Amateur- und Profi-Boxsports. Auf dem Weg nach Bobbin führt die Straße am Dobberworth vorbei. Das größte bronzezeitliche Hügelgrab ist über 3500 Jahre alt, hat einen Umfang von 150 Metern und ist 12 Meter hoch. Das Kreidefreilichtmuseum Gummanz bei Neddesitz hat einen 2 Kilometer langen Lehrpfad. Vom dortigen »Kleinen Königsstuhl« bietet sich ein schöner Blick auf den früheren Kreideabbauort. Hier sieht man, wie sich die Natur mit Bewuchs das Terrain zurückerobert: Bäume, Sträucher und Pflanzen wachsen wieder, Insekten, Vögel und andere Tiere werden wieder heimisch.

Auf der Fahrt in Richtung Norden lädt vor Bobbin ein Parkplatz mit Sitzgruppen zum Verweilen und Picknicken ein. Der Blick vom Tempelberg reicht weit über den Großen Jasmunder Bodden zur Kirche St. Paul in Bobbin (Feldsteinbau um 1400) sowie zum Schlosshotel Spyker.

Ehe wir Glowe, die Schaabe, Tromper Wiek und Wittow ansteuern, lenken wir unseren Weg in Richtung **Stubbenkammer** nach rechts. Eine mit Bäumen bestan-

Sagard: nach 1200 erbaute Backsteinkirche St. Michael, 1993 (oben); nach umfangreicher Sanierung, 2006 (unten). Am Zifferblatt der Turmuhr war der Verfall besonders deutlich erkennbar.

Zugang zum Königsstuhl mit Kassenhäuschen aus der DDR-Zeit (oben). Den Besucher empfängt jetzt das moderne Nationalpark-Zentrum Königsstuhl. Ausstellungen und Vorträge informieren den Interessenten umfassend, 2006 (unten).

dene Straße führt am Hofgut Bisdamitz vorbei durch Nardevitz nach Lohme, wo wir unser Fahrzeug auf dem neu gestalteten Platz mit Brunnen und großzügigem Kinderspielplatz abstellen und uns zum kleinen Hafen auf den Weg machen. Von der Steinschleiferei Steinmüller führt eine Treppe – vorbei am Café »Niedlich« mit romantischem Blick auf die Ostsee bis hin zum Kap Arkona – zum Hafen mit Anlegestelle für Segel-, Motor- und Fischerboote. Wenige Schritte entfernt befindet sich der »Schwanenstein« (162 Tonnen, 60 Kubikmeter), mit dem sich die tragische Geschichte vom Tod dreier Jungen beim Blitzeis verbindet. Trotz aller Bemühungen, auch mit zu Hilfe gerufenen Panzern und Hubschrauber aus Prora, gelang es damals nicht, die drei Kinder zu retten. Sie wurden auf dem Friedhof von Nipmerow beerdigt; ein neu aufgestellter Grabstein markiert die Stelle.

Östlich der Straße leuchtet, ähnlich wie in Lietzow, ein weißer, beflaggter Schlossturm. Das Schloss Ranzow war von der Sowjetarmee als Luftbeobachtungspunkt genutzt worden und hatte, neben Veränderungen und Vernachlässigung der Bausubstanz, gewissermaßen einen Dornröschenschlaf geführt. Der jetzige Eigentümer hat es aufwendig sanieren lassen und die baulichen Veränderungen rückgängig gemacht. Hinter den sanften Hügeln mit den leuchtend gelben Rapsfeldern ist das kleine, weiße Schloss in der roten Dachlandschaft ein sehr schöner Anblick, vor allem bei strahlend blauem Himmel. Der wieder zinnenbewehrte Turm bietet einen phantastischen Rundblick über Stubbenkammer. In die sanierten Gemäuer soll nun die Golfakademie Ranzow einziehen.

Besucher von Stubbenkammer und des Nationalparks Jasmund werden in Hagen auf einen Großparkplatz gelenkt, steigen zu Fuß oder fahren bequemer in einem Reisebus zum Nationalpark Jasmund-Stubbenkammer. Erster Anlaufpunkt und Blickfang ist der Neubau des Informationscenters. Danach kommt man am ehemaligen Kassenhäuschen vorbei, an der schmalsten Stelle über ein Hügelgrab auf die viel beschriebene Aussichtsplattform »Königsstuhl« in 117 Meter Höhe und kann den herrlichen Blick auf die Weite der Ostsee mit Schiffen aller Art genießen. Dies ist natürlich noch lange nicht alles. Von dort ist es nicht weit zur »Victoriasicht«, die nicht so geräumig ist, wie der Königsstuhl, aber einen schönen Blick bietet. Schließlich folgt das Kreislauftraining: 412 Stufen geht es hinab zum Ostseestrand unterhalb der Kreidefelsen, vorbei am historischen Pumpenhaus. Am Strand genießt man den »Fotoblick« von unten auf die Kreidefelsen, kann die Beine von Findlingen herab in die Ostsee halten und die Seele so richtig baumeln lassen. Hier kann man die Ruhe und den Sonnenschein genießen, hat vielfältige Sichten und Ausblicke und kann kurze Strandwanderungen unterhalb des Königsstuhls zur Stubbenkammer, vorbei an dem Findling »Waschstein« (59 Tonnen, 22 Kubikmeter) unternehmen. Zurück geht es die relativ bequeme, auch von älteren Gästen benutzte Treppe wieder nach oben. Mit Imbiss oder Restaurant empfängt die Gastronomie den durstigen Gast, der sich bei Ab- und Aufstieg in der Buchenwaldluft und frischen Meeresbrise den nötigen Appetit geholt hat. Den Weg zum Parkplatz Hagen sollten die Besucher des Königsstuhls aber laufen, denn unterwegs können sie die gewaltige Herthaburg bestaunen und einen Blick auf den geheimnisumwitterten, dunklen, 11 Meter tiefen Herthasee werfen. Von dort sind es nur noch ein paar Schritte bis zum geparkten Fahrzeug.

Blick von der »Waldhalle« auf die Kreideküste in Höhe der Wissower Klinken

Rügen – Natur, Landschaft, Umwelt

Bodo Noack

Um es vorwegzunehmen: Rügen ist etwas Besonderes: Durch ein vielfältiges Mosaik an Landschaftsformen und Lebensräumen in einer historisch gewachsenen Kulturlandschaft ist die Insel einmalig im südlichen Ostseeraum. Sie wurde geprägt vom Menschen in jahrhundertelanger, traditioneller Nutzung durch Land-, Forst- und Fischwirtschaft, Kreidegewinnung sowie Siedlungsentwicklung. Kein anderes Gebiet vergleichbarer Größe ist so reichhaltig und vielfältig ausgestattet. Vertreten sind fast alle Landschaftsformen des Jungpleistozäns, erdgeschichtlich ältere Gesteinsformationen (Kreide- und Tonschollen), alle Küstenformen und nahezu alle Moortypen des südlichen Ostseeraumes. Nirgendwo sonst ist auf vergleichbarem Gebiet die Durchdringung von Land und Wasser (Boddenlandschaft) so stark, gibt es so viele Buchten und Halbinseln. Das Vegetationsspektrum reicht von weiträumigen Acker- und Grünlandflächen, Wäldern, Brackwasserröhrichten und Salzrasen über Niedermoorriede und Quellfluren, Kessel- und Verlandungszwischenmoore sowie Kalkquellmoore, Sumpf- und Bruchwälder bis zu Hangwäldern und Wäldern trockenwarmer Standorte, Heiden, Sandmager- und Halbtrockenrasen.

Die Äcker und Wiesen sind nicht nur Erwerbsquelle für die Bauern, sondern auch Nahrungsgebiete für viele Vogelarten aus dem nordosteuropäischen und nordwestsibirischen Raum während der Zugzeiten. Annähernd 300 Kilometer Alleen und Baumreihen an Straßen und Wegen bereichern und gliedern die Rügener Landschaft. Darin eingebettet finden sich attraktive Denkmäler der Kulturgeschichte, wie die Großsteingräber der Jungsteinzeit, Hügelgräber der Bronzezeit und slawische Burgwälle.

Die natürlichen und kulturhistorischen Besonderheiten dieser Landschaft begründen ihre besondere Eignung für Erholung und Fremdenverkehr. Wer jedoch auf Rügen ein unberührtes Paradies sucht, wird enttäuscht sein. Hier wohnen und leben rund 70 000 Einwohner mit Ansprüchen wie anderswo auch. Seit der politischen Wende 1989 hat sich das Erwerbsprofil erheblich gewandelt. Die einst dominierende Land- und Nahrungsgüterwirtschaft hat viele Beschäftigte verloren. Nun ist der Tourismus bedeutendster Wirtschaftsfaktor. Um konkurrenzfähig zu sein, mussten neue Hotels, Pensionen, Privatunterkünfte gebaut oder bestehende grundlegend saniert werden. Die touristische Infrastruktur war angesichts der gewachsenen Bedürfnisse im Osten und der höheren Ansprüche vieler neuer Gäste aus dem Westen nicht mehr aussreichend. Großmärkte am Rande der Siedlungen, Seebrücken, Straßen, Spaßbäder, Golfplätze, Seglerhäfen wurden gebaut oder sind noch in Planung. Dazu kamen Freizeitangebote wie Rundflüge, Reiten, Surfen, Bootsverkehr. Das blieb nicht ohne Folgen für Natur und Landschaft, im Positiven wie auch im Negativen. Rügen hat sich verändert und bleibt im Wandel.

Schutzgebiete

Ob Gast oder Einheimischer, die Einmaligkeit von Natur und Landschaft auf Rügen stellt niemand infrage. Etwa 45 Prozent der Inselfläche stehen unter besonderem Schutz: zwei Nationalparks, ein Biosphärenreservat, 25 Naturschutzgebiete, drei Landschaftsschutzgebiete sowie Landschaftsteile für das Europäische Schutzgebietssystem NATURA2000 (FFH-Gebiete, EU-Vogelschutzgebiete). Rund 140 Einzelobjekte – Bäume und Findlinge – sind als Naturdenkmale ausgewiesen.

Mit der zunehmenden Fremdenverkehrsentwicklung auf Rügen am Ende des 19. Jahrhunderts erkannten die damals Verantwortlichen, dass die Natur verletzlich ist und besonders geschützt werden muss. So erließ im Jahr 1911 der Regierungspräsident Blohmeyer aus Stralsund eine »Vorschrift zum Schutze landschaftlich hervorragender Teile des Kreises Rügen gegen Verunstaltungen durch Bauten«. Es wurden drei Schutzbezirke gebildet, aus denen von 1937 bis 1943 die ersten Landschaftsschutzgebiete Rügens hervorgingen. In der Vorkriegszeit wurden darüber hinaus bedeutsame Landschaftsteile zum Naturschutzgebiet erklärt, so »Jasmund«, die »Steinfelder«, die Inseln Vilm, Pulitz, Beuchel und Tollow sowie der Gellen und der Dornbusch/Bessin auf der Nachbarinsel Hiddensee.

Weitere Naturschutzgebiete und die heute bestehenden Landschaftsschutzgebiete kamen in der DDR-Zeit hinzu. Das Nationalparkprogramm der DDR legte den Grundstein für die Festsetzung der Nationalparke »Jasmund«, »Vorpommersche Boddenlandschaft« und des Biosphärenreservates »Südost-Rügen«. In diesen sogenannten Großschutzgebieten wird nicht nur Natur konserviert und gepflegt. Auch Öffentlichkeitsarbeit wird großgeschrieben, denn Gäste wie Rüganer sollen über die Schutzziele aufgeklärt und an die Natur herangeführt werden. Zu den Angeboten gehören Führungen zu Kranichschlafplätzen auf Westrügen, durch herrlichen Buchenwald zu Mooren und der Kreidesteilküste im Nationalpark »Jasmund« oder weniger bekannten Zielen wie den Halbinseln Bug und Bessin. Geschulte Mitarbeiter der Reservatsverwaltungen erledigen diese Aufgabe. Zahlreiche neue Aussichts- und Beobachtungspunkte, Lehrpfade und Informationsstationen wie in Vitte, Ummanz oder am Jagdschloss Granitz bereichern die Angebotspalette. Das neu entstandene Nationalparkhaus in Stubbenkammer stellt zweifellos den Höhepunkt museal gestalteter Informationsangebote über die Natur auf Rügen dar.

Mit der Ausweisung der Nationalparke »Jasmund« und »Vorpommersche Boddenlandschaft« sowie des Biosphärenreservates »Südost-Rügen« machte sich auch eine Lenkung des Besucherverkehrs auf der Straße erforderlich. An Feiertagen und in der Urlaubssaison hatten sich verkehrschaotische Zustände eingestellt. Auffangparkplätze für die Besucher des Königsstuhls, des Jagdschlosses Granitz und von Kap Arkona entstanden. Die Gäste verstehen, dass sie nicht mit eigenem Fahrzeug weiterfahren dürfen, sondern in öffentliche/private Verkehrsmittel umsteigen oder sich einfach für eine Wanderung entscheiden müssen. Doch leider werden Schutzerfordernisse nicht von allen akzeptiert, oftmals dort nicht, wo die Natur Ungestörtheit braucht, wie an Brutplätzen von Küstenvögeln. Boote werden viel zu schnell gefahren, in Tabu-Räumen wird gesurft oder illegal gezeltet. Naturschützer und Naturnutzer suchen Wege für Kompromisse, beispielsweise freiwillige Vereinbarungen, wie im Biosphärenreservat Südost-Rügen. Nach zweijährigem Diskussionsprozess akzeptieren Angler, Segler und andere Wassersportler gemeinsam festgelegte Befahrensregelungen im Naturschutzgebiet Having – ein Gewinn nicht nur für die Natur, sondern auch für das gegenseitige Verständnis bei widerstreitenden Interessen. Rügens Tourismuswirtschaft wirbt mit der Natur. Um sie langfristig in ihrer Vielfalt zu erhalten, geht es nicht ohne Einschränkungen und Rücksichtnahme. Veränderungen in der Pflanzen- und Tierwelt haben sich ohnehin eingestellt – durch globale Prozesse, aufgelassene Nutzungen, Störungen. Sorgen machen beispielsweise die Veränderungen auf Inseln zwischen Rügen und Hiddensee, einst Eldorado für viele Küstenvögel. Seit Jahren werden es weniger: Lachmöwen, Seeschwalben, Enten und Watvögel. Fehlende Beweidung, Marderhund und Fuchs, Störungen durch erhöhten Bootsverkehr sind mögliche Ursachen des Negativtrends. Nach wie vor sehr wohl fühlen sich Kormorane, Schwäne und Silbermöwen. Abgenommen hat auch die Zahl durchziehender Wildgänse auf der Insel, weil Rastplätze im Binnenland offensichtlich an Attraktivität gewinnen. Es gibt aber auch höchst erfreuliche Entwicklungen. Der Seeadler hatte noch nie einen so hohen Brutbestand. Im Jahr 2006 wurden 16 Paare gezählt. Auch der Kranich brütet inzwischen auf Rügen. Kegelrobben und Seehunde werden wieder an Rügens Küsten gesichtet; Tendenz steigend.

Orts- und Landschaftsbild

Eine objektive Bewertung der Schönheit einer Landschaft ist in der Regel sehr schwierig, weil beim ästhetischen Empfinden vor allem der subjektive Anspruch des Betrachters überwiegt. Was in der freien Landschaft oder im Ort als störend oder sogar hässlich empfunden wird, darüber gehen die Meinungen stark auseinander. Beim ständigen Betrachten setzt oftmals ein Gewöhnungseffekt ein. Die Planung und Errichtungen von Windkraftanlagen – inzwischen 56 auf Rügen – sowie neuer Antennenträger für den Mobilfunkverkehr haben teilweise heftige öffentliche Diskussionen ausgelöst und Bürgerinitiativen auf den Plan gerufen. Ohne Zweifel handelt es sich um wesensfremde Elemente in der Landschaft. Daher wurde behördlicherseits versucht, durch Standortverschiebungen Konflikte mit dem Landschaftsschutz zu mindern. Während das bei Funkmasten zum Teil gelungen ist, sind Windkraftanlagen in der Regel weithin zu sehen und lassen sich nicht hinter Bäumen verstecken. Auch alternative Energienutzung muss sorgsam geplant werden und darf Erholungsnutzung nicht schmälern – ein Anlass, keine weiteren Eignungsgebiete für die Windkraftnutzung auf Rügen zu planen.

Die Orts- und Freiraumgestaltung in den Dörfern und Städten der Insel Rügen ist geprägt von überwiegend sanierter oder neuer Bausubstanz. Bröckelnder Putz und verfallende Häuser verschwinden zunehmend. Neubaublöcke aus der DDR-Zeit, wie in Bergen, Dranske oder Sellin, wurden und werden grundlegend saniert oder auch gänzlich zurückgebaut. Ganze LPG-Produktionsstandorte verschwanden zugunsten neuer Ferienanlagen, so in Neddesitz bei Sagard.

Im Umfeld größerer Siedlungen wie Bergen, Samtens, Sellin und Sassnitz ist ein allgegenwärtiger Trend nicht ausgeblieben: Einkaufsmärkte, neue Gewerbegebiete und Eigenheimsiedlungen entstanden auf »grüner Wiese« oder auf ehemaligen Kleingartenanlagen und verstellen nunmehr Blickbeziehungen auf historisch allmählich Gewachsenes. Raumordnerische Bindungen und Vorgaben konnten jedoch Fehlentwicklungen in Grenzen halten.

Viel neues Grün wurde gepflanzt: an Straßen, auf Plätzen, in Wohngebieten. Nicht überall ist es gelungen, ein gewisses »Inselflair« zu bewahren. Das Angebot der Bau- und Gartenmärkte verlockt zu architektonischen und gestalterischen Entgleisungen. Koniferen beherrschen zunehmend Vorgärten und Grundstückseinfriedungen. Aber Ortsbilder spiegeln kulturhistorische Eigenarten einer Region wieder. Es wäre schade, wenn Rügen davon verliert – gerade im Interesse des Fremdenverkehrs. Wer auf die Insel Rügen kommt und länger bleibt, sucht neben Kreidefelsen, Strand und Wasser auch ländliche Idylle, und zwar eine ganz besondere, die anders ist als anderswo.

Allee nach Trent

Alleen und Verkehr

Bekannt ist die Insel auch wegen ihrer schönen und einmaligen Alleen. Sie sind eine traditionelle und schon sehr alte Form der Straßenbepflanzung. Sowohl auf der historischen Rügenkarte des Greifswalder Geografen von Hagenow (1829) als auch auf dem Preußischen Urmesstischblatt (1835) sind bereits zahlreiche Alleen – insbesondere im Raum Putbus – eingetragen. Der hohe landschaftsästhetische Wert von Alleen ist auch auf Rügen schon seit Langem erkannt. Bereits 1937 wurden zwei Rotbuchenalleen als Naturdenkmale unter besonderen Schutz gestellt. 1988 erklärte der damalige Rat des Kreises Rügen 28 Alleen an insgesamt 60 Kilometer Straßen und Wegen zu »Geschützten Gehölzen«. Eine genaue und vollständige Bestandsübersicht über die Alleen und Baumreihen auf Rügen gibt es erst seit 1994. Noch heute existieren Alleen, die vor 160 bis 180 Jahren angelegt wurden, z. B. die Rotbuchenallee von Karow nach Lubkow, die Kastanienallee zum Jagdschloss und zahlreiche Alleen im Raum Putbus. Rund 300 Kilometer Straßen und Wege werden von Baumreihen gesäumt, die Allee aus Krimlinden zwischen Garz und Kasnevitz ist zweifellos die eindrucksvollste.

Wegen ihrer hohen ökologischen und kulturhistorischen Bedeutung genießen Alleen und Baumreihen auf der Grundlage der Landesverfassung von Mecklenburg-Vorpommern sowie nach Landesnaturschutzgesetz einen besonderen Schutz. Sie sind in der Regel Bestandteil der Straße. Im Zuge des verkehrsgerechten Ausbaus von Straßen und Wegen wurde insbesondere seit 1990 verstärkt in Alleenbestände eingegriffen, mussten doch Straßen wegen der Verkehrssicherheit an bundesdeutsche Normen angepasst werden. Während sich Fällungen vitaler Bäume in Maßen hielten, haben andere Beeinträchtigungen ein hohes Ausmaß erreicht, so z. B. Schnittmaßnahmen zur Gewährleistung des Lichtraumprofils, Aufschüttungen im Wurzelbereich, Wurzelschäden durch Leitungsverlegungen, Anfahrschäden, Tausalzaufbringung. Leitplanken an vielen Straßenabschnitten sollen für mehr Verkehrssicherheit sorgen. So werden unsere Alleebäume immer mehr in technische Standards gezwängt. Das mögen sie nicht, denn unsere Alleebäume sind zu einer Zeit gepflanzt worden, als es noch keinen oder wenig Autoverkehr gab und die Straßen asphaltfrei waren. Nun kränkeln viele Bäume nicht nur an Altersschwäche: Hainbuchen, Ahorn, Eschen, auch Kastanien, denn die Miniermotte hat vor Rügen nicht haltgemacht.

Die Neuanpflanzung von Alleen und Baumreihen ist daher ein Schwerpunkt des Alleenschutzes, damit langfristig ein Kulturerbe nicht verloren geht. Das erfolgt hauptsächlich in Form von Kompensationsmaßnahmen für gefällte Bäume und andere Eingriffe in Natur und Landschaft als auch bei Maßnahmen der Ortsgestaltung und Flurneuordnung. Neue Alleen und Baumreihen wurden vor allem an Gemeinde- und Kreisstraßen sowie ländlichen Wegen angelegt, weil hier der Erwerb der Pflanzflächen einfacher war. So wurden seit 1990 etwa 18 000 neue Alleebäume auf etwa 145 Kilometer Weglänge gepflanzt.

Der Stolz darauf hält sich jedoch in Grenzen. Den jungen Bäumen geht es vielfach schlecht, weil die erforderliche Pflege in der Anwachsphase (z. B. Wässern bei Trockenheit) ausblieb und abgestorbene Bäume nicht ausgetauscht wurden. Eine durch das Umweltamt Rügen im Jahr 1996 veranlasste flächendeckende Effizienzkontrolle ergab eine Absterberate von mindestens 20 Prozent; weitere Bäume zeigten Schäden oder waren in der Krone nicht fachgerecht oder überhaupt nicht geschnitten.

Dennoch werden sich einige Pflanzungen zu schönen Alleen entwickeln und weitere Alleepflanzungen sind geplant. Bereits jetzt muss Vorsorge getroffen werden, dass man auch noch in 100 Jahren auf Rügen unter schattigen Baumreihen wandern oder fahren kann.

Landschaftspflege und Renaturierung

Ohne menschliche Aktivitäten wäre Rügen vollständig mit Wald bedeckt, so wie in der nacheiszeitlichen Entwicklungsphase vor etwa 10 000 Jahren. Durch erdgeschichtliche Prozesse im Pleistozän (Nacheiszeit) wie die Wasserspiegelveränderungen der Ostsee sowie immer intensivere Landnutzung infolge menschlicher Besiedlung hat sich das heutige Landschaftsprofil entwickelt. Dabei sind Landschaftsteile entstanden, die diese Entwicklung eindrucksvoll dokumentieren. Dazu gehören die Feuersteinfelder in der Schmalen Heide südlich von Mukran. Die Steinwälle wurden vor 3 500 bis 4 000 Jahren durch eine Reihe starker Sturmhochwasser aufgeworfen. Der Meeresspiegel lag zu dieser Zeit 1 bis 1,5 Meter höher als heute. Hauptbestandteil sind 14 hintereinanderliegende und etwa 2 Kilometer lange, parallel zur Küste der Ostsee verlaufende Geröllwälle. Sie

Treppe am Nationalpark Zentrum Königsstuhl

Luftaufnahme der Feuersteinfelder bei Mukran, im Hintergrund Sassnitz und Prorer Wiek

bestehen zu 90 Prozent aus Feuersteinen. Die Feuersteinfelder sind leit Langem eine beliebtes Ausflugsziel. Damit das so bleibt, müssen in bestimmten Abständen Gehölze entfernt werden. Die Steinfelder drohen zuzuwachsen. Der im Jahr 1840 im Umfeld angepflanzte Kiefernwald breitet sich in Gesellschaft mit anderen Gehölzen rasant aus. Einzäunungen, verbunden mit Wildbesatz durch den Fürsten Malte zu Putbus und später durch den Forstbetrieb der Nationalen Volksarmee, führten nur zu Teilerfolgen. Wenigstens gestoppt werden soll die weitere Gehölzsukzession. Die Gemeinde Binz, der Landschaftspflegeverband »Ost-Rügen« und der Naturschutzbund Deutschland haben sich nunmehr dieser Aufgabe angenommen.

Rügen ist vor allem durch seine Kreidefelsen bekannt. Kreide lässt sich wirtschaftlich verwerten. Im 19. Jahrhundert wurde vor allem auf der Halbinsel Jasmund mit dem Abbau von Kreide begonnen, denn hier liegen die Kreideschollen teilweise bis dicht unter der Erdoberfläche. Es entstanden zahlreiche Kreidebrüche, die bis auf einen Tagebau seit längerer Zeit nicht mehr genutzt werden. Die bergbaulichen Aktivitäten hinterließen Halden und Hänge aus offen liegender Kreide sowie neue »Kreidegewässer«. In der Folge stellten sich Kalk liebende Pflanzen und Tiere ein. Die Kreidebrüche wurden zu einem Refugium für Orchideen. Doch die Orchideen und auch andere lichtliebende Arten gehen zurück. Gehölze sind auf dem Vormarsch und erobern alle nur denkbaren Nischen, auch schöne Sichten und Aussichten. Kreidebrüche werden gesetzlich als besonders geschützte Biotope geführt, aber ihre schutzwürdige Ausprägung kann auf Dauer nur durch Pflegemaßnahmen erhalten werden. So werden beispielhaft die Kreidebrüche Hoch Selow und Quoltitz durch Entbuschungsaktionen vor dem Zuwachsen bewahrt.

Meliorationsmaßnahmen sind auch an der Insel Rügen nicht vorbeigegangen. Zur Gewinnung landwirtschaftlicher Nutzflächen als Acker oder Grünland musste Wasser aus der Landschaft gepumpt werden. Dazu wurden Entwässerungsgräben gezogen, Schöpfwerke errichtet und wo nötig Deiche geschüttet. Salzhaltiges Boddenwasser sollte weitgehend ferngehalten werden. Es entstanden sogenannte Polder. Das alles geschah vor 1990. Die politische Wende macht vieles davon entbehrlich und sogar nicht mehr tragbar, denn Schöpfwerke verursachen Kosten. Im Rahmen des Naturschutzgroßprojektes »Ostrügensche Boddenlandschaft« wurden die Polder Neuensien und Freetz renaturiert. Durch Deichöffnung bzw. Rückbau kann nun das Boddenwasser bei Hochwasserständen wieder ungehindert auf Flächen vordringen, die über Jahrzehnte von dem natürlichen Überflutungsraum abgeschnitten waren. Nicht nur die Schöpfwerkskosten entfallen künftig, auf Grünlandflächen wird der Torfabbau gestoppt und die Salzvegetation bekommt wieder eine Entwicklungschance. Weitere Polderflächen sind dafür vorgesehen, dass sich hier wieder weitgehend natürliche Überflutungsverhältnisse einstellen, so in der Lobber-See-Niederung, am Ossen und bei Üselitz.

Die Wiederherstellung des Nonnensees vor den Toren der Kreisstadt Bergen ist ein gelungenes Beispiel kooperativer Zusammenarbeit zwischen Naturschützern, Nutzern und der Öffentlichkeit. Im Jahr 1832 begannen Entwässerungsversuche mit dem Ziel der Landgewinnung für eine landwirtschaftliche Nutzung. Erst 1967 gelang die endgültige Beseitigung des Nonnensees durch tief greifende Melioration. Eine nicht beseitigte Havarie des Schöpfwerkes im Jahr 1993 ließ die Nonnensee-Niederung wieder auf eine Größe von 75 Hektar »volllaufen«. Dieser Umstand wurde im Rahmen eines Naturschutzprojektes aufgegriffen. Ein Rad- und Wanderweg um den Nonnensee wurde angelegt, dazu zwei Aussichtstürme und Schautafeln. Der Nonnensee und sein Umfeld sind ein neues Naherholungsgebiet der Rüganer geworden, ohne dass dabei die Natur gestört wird. Denn der neue (alte) See hat auch viele Vögel angezogen. Er zählt zu den vogelreichsten Binnenseen in Mecklenburg-Vorpommern.

Gewässer und Abwasser

Eine »Badeinsel« muss hohe Ansprüche an die Badewasserqualität erfüllen. Sie hat sich in den letzten Jahren ständig verbessert. Fast 50 überwachte Badestellen belegen die Prädikate »Sehr gut« und »Gut«. Das einstige Problemgewässer Kleiner Jasmunder Bodden ist auf dem Weg der »Gesundung« und wird klarer, nachdem hier durch ein verheerendes Fischsterben im Jahr

Steine in vielfältiger Form

1990 die Insel Rügen deutschlandweit in die Schlagzeilen geriet. Die explosionsartige Entwicklung einer mikroskopisch kleinen, giftproduzierenden Alge hatte innerhalb weniger Tage den gesamten Fischbestand auf rund 2500 Hektar Wasserfläche ausgelöscht. Der Grundstein für diese Entwicklung wurde im Jahr 1868 durch den Bau der Eisenbahn Bergen–Sassnitz gelegt. Der Kleine Jasmunder Bodden war bis auf zwei Durchlässe von den übrigen nordrügenschen Bodden abgeriegelt worden. Verminderter Wasseraustausch und die jahrzehntelange Einleitung großer Mengen schlecht geklärter Abwässer aus Bergen und Binz-Prora sorgten letztendlich für das »Umkippen« des Gewässers.

Die allmählich besser werdende Wassergüte der Bodden, Seen und Fließgewässer auf Rügen ist nicht zuletzt auf eine nahezu flächendeckend verbesserte Abwasserreinigung zurückzuführen. Der für die Wasserversorgung und Abwasserbehandlung auf Rügen zuständige Zweckverband – ein Zusammenschluss der Gemeinden – hat in den letzten 15 Jahren weit über

Unerwünschter Kiefernbewuchs

150 Millionen Euro in Anlagen der Wasserversorgung und Abwasserbehandlung investiert. So entstanden sechs neue Wasserwerke und 21 neue Kläranlagen mit dazugehörigem Rohr- und Kanalnetz. Inzwischen sorgen 46 öffentliche Kläranlagen nach dem »Stand der Technik« dafür, dass sich die Wassergüte rund um die Insel merklich verbessert hat. Rund 79 Prozent der Einwohner Rügens sind daran angeschlossen. Die durchschnittliche Schmutzfrachtreduzierung liegt bei großen Kläranlagen bei 90 Prozent.

Rügen verfügt über stabile Trinkwasserreserven in sehr guter Qualität, die durchweg aus dem Grundwasser gewonnen werden. Etwa 98 Prozent der Inselbevölkerung sind an das zentrale Versorgungsnetz angeschlossen. Die Wasserversorgung auf der Insel ist durch tourismusbedingte, starke saisonale Schwankungen geprägt. Aus diesem Grund sind zur Bedarfsdeckung für etwa drei Sommermonate Wasserwerks- und Rohrleitungskapazitäten vorzuhalten, die für die verbleibenden Monate im Jahr nicht benötigt werden. Der Wasserverbrauch auf Rügen ist von ca. 11 Millionen Kubikmeter im Jahr 1989 auf ca. 5 Millionen Kubikmeter im Jahr 2005 gesunken. Grund: Die wasserverbrauchende Nahrungsgüterwirtschaft ist nahezu weggebrochen und die Bürger gehen sparsamer mit Wasser um. Im Jahresdurchschnitt verbraucht der Inselbürger etwa 90 Liter pro Tag.

Abfall, Altlasten und Altstandorte

Nicht nur der Wasserverbrauch schwankt im Jahresverlauf, auch der Anfall an Abfällen. Die Aufgaben des öffentlich-rechtlichen Entsorgungsträgers werden im Landkreis Rügen seit 1996 durch einen Eigenbetrieb »Abfallwirtschaft für Rügen« wahrgenommen, der u. a. eine intensive Öffentlichkeitsarbeit zur Abfallvermeidung und Abfallverwertung durchführt. Da auf Rügen seit 1998 keine Abfalldeponien mehr zur Verfügung stehen, wurden verschiedene Verwertungsstrecken – inzwischen mit Vorbildwirkung für das Land Mecklenburg-Vorpommern – ausgebaut. Eine mechanisch-biologische Behandlungsanlage, zwei Biogasanlagen, eine Kompostierungsanlage und mehrere Aufbereitungsanlagen für Baustellenabfälle sorgen dafür, dass nur relativ wenig Restmüll auf das Festland transportiert werden muss.

Bis 1990 hatten viele Gemeinden ihre eigene Müllkippe. Daneben gab es größere Deponien in Sabitz, Lanckensburg, Garz, auf Hiddensee und in Sassnitz. Letztere für Sonderabfälle in einem alten Kreidebruch. Die Nachwendezeit brachte einen hohen Aufwand für die Erfassung von Altlasten und Altstandorten als Grundlage für geeignete Sanierungen. Weit über 300 Objekte wurden aufgespürt und erfasst; ein großer Teil davon ist inzwischen saniert oder beseitigt. Begrünte Hügel sorgen dafür, dass nur Eingeweihte wissen, dass darunter Müll ruht. Nicht zu vergessen sind Rüstungsaltlasten, deren Ablagerung sich bis in die Kaiserzeit zurückverfolgen lässt (z. B. Halbinsel Bug). Inzwischen sind Gefahrenpotenziale beseitigt oder unter strenger Kontrolle. Rügens Landschaft ist frei von störenden Abfallhalden, weitgehend jedenfalls. Nach wie vor wird in Wäldern, Kleingewässern oder sonst schwer zugänglichen Orten Müll gesichtet. Für die Behörde beginnt die Fahndung nach dem Verursacher. Verlassene Grundstücke mit Bauruinen, nicht mehr benötigte Stall- oder Produktionsanlagen, Silos, Lagerplätze sind beliebte Stellen illegaler Abfallentsorgung. Der fällige Rückbau könnte technisch längst abgeschlossen sein. Hohe Kosten und unklare Eigentümerinteressen verzögern dies vielfach.

Küstenschutz

Die Küste Mecklenburg-Vorpommerns wurde durch die letzte Eiszeit vorgeformt und gegliedert. Seither befindet sich die Küste als Grenzraum zwischen Land und Meer unter der Einwirkung meteorologischer und hydrodynamischer Prozesse in ständiger Veränderung. Durch Wind, Seegang, Strömung, Wasserstandsveränderungen kann sich kein Gleichgewicht einstellen. Globale Vorgänge werden den Prozess weiter verstärken. Im Gegensatz zur Nordsee spielen in der Ostsee Ebbe und Flut keine Rolle. Es sind vor allem kurzzeitig auftretende Ereignisse aufgrund besonderer meteorologischer Bedingungen. Sogenannte Sturmhochwasser lassen an Rügens Küsten den Wasserstand dann ansteigen, wenn sich die mittlere und nördliche Ostsee nach lang anhaltenden Westwinden mit Wasser aufgefüllt hat und der Wind plötzlich auf nördliche Richtung dreht. Dann strömt das Wasser auch an die Küsten Rügens und staut sich hier auf.

Das Erfordernis von Küstenschutzmaßnahmen ergibt sich aus der Nutzung des Küstenraumes durch den Menschen. Rügen als Insel ist besonders betroffen, denn wo gesiedelt wird, möchte man sich vor Hochwasser schützen. Unsere Vorfahren haben Erfahrungen gesammelt – so bei dem verheerenden Sturmhochwasser im Jahr 1872, wo große Teile Rügens unter Wasser standen, 2,40 Meter über normal wurden in Stralsund gemessen. Menschenleben und hohe materielle Verluste waren zu beklagen. In der Folgezeit fielen Entscheidungen über Küstenschutzanlagen wie Deiche, Buhnen, Deckwerke, Schutzmauern und Ähnliches. Ein hoher materieller Aufwand ist nötig, um diese Anlagen wehrtüchtig zu halten, denn Wellen und Strömung nagen unaufhörlich an den Bauwerken. Die jüngste schwere Sturmflut vom 3./4. November 1995 hat erneut Schwachstellen im Küstenschutz gezeigt. Die Prioritäten wurden aber auch zugunsten aller besiedelten Gebiete neu gesetzt, und zwar unter dem Gesichtspunkt, dass ein Sturmhochwasser des Jahres 1872 nicht fern aller Möglichkeiten ist. So wird der damalige Wasserstand als Bemessungshochwasserstand für Küstenschutzanlagen angesetzt. Auf Hiddensee wurde die Ortslage Neuendorf völlig neu eingedeicht, neue Deiche und Steinwälle machen Thiessow, Lobbe, Baabe und Dranske sicherer vor Hochwasser. Vor dem Selliner Strand wurden Unterwasserwellenbrecher errichtet.

An anderer Stelle werden Küstenschutzmaßnahmen zurückgefahren, soll natürliche Küstendynamik nicht gestört werden. So an den großen Nehrungen der Schaabe zwischen Glowe und Juliusruh und des Langen Strandes zwischen Lobbe und Thiessow. Strandbesucher dürften das durch ein Mehr an Freiraum durchaus positiv sehen.

Am Ostsee-Uferweg von Nardevitz nach Lohme findet der Wanderer eine Vielzahl solcher Baummotive.

Breege – Kap Arkona – Vitt – Wittower Fähre

Linke Seite:
Kap Arkona: der 25 Meter hohe Leuchtturm, erbaut 1826 bis 1829 vom preußischen Staatsbaumeister Karl Friedrich Schinkel; rechts der 1902 erbaute, noch im Betrieb befindliche neue Leuchtturm

Über Glowe entlang der Schaabe führt unser Weg zur Halbinsel Wittow. Mehrere Kilometer die Straße parallel zum feinsandigen Strand der Schaabe entlangfahrend, erreichen wir Juliusruh und biegen links nach **Breege** ab. Der modernisierte und ausgebaute Hafen am Breeger Bodden ist Anlegeplatz für Sport- und Segelboote sowie für größere Ausflugsschiffe, die Rundfahrten anbieten oder Hiddensee ansteuern. Julius von der Lancken wählte vor über 200 Jahren den Ort am Ausgang der Schaabe als seinen Altersruhesitz und sorgte so für den Namen Juliusruh. Im benachbarten Breege sind es die Kapitänshäuser sowie zahlreiche neue Häuser, die das Bild des Ortes prägen.

In Altenkirchen steht die zweitälteste Kirche Rügens mit Teilen, die um 1200 entstanden sind. Die Pfarrkirche wurde immer wieder umgebaut, in der Spätgotik entstand das Kreuzrippengewölbe. Neben dem großen Kruzifix im gotischen Triumphbogen stellen der 1724 entstandene Altar sowie der um 1730 geschaffene Taufengel Besonderheiten dar. Außergewöhnlich sind der »Svantevit-Stein« und die gotländische Taufe. Gleich am Eingang befindet sich das Grab des auf Rügen sehr bekannten Pastors Kosegarten.

Die Landstraße nach Putgarten endet für Besucher auf einem Großparkplatz am Ortseingang. Hier ist der Ausgangspunkt für die Fahrt mit der »Arkonabahn« zum **Kap Arkona** bzw. nach Vitt. Natürlich kann man auch auf Schusters Rappen oder aber mit dem Fahrrad den Ort Putgarten mit dem Gutshof Arkona und dem Helene-Weigel-Haus erreichen. Auf dem Weg zum Flächendenkmal Kap Arkona tauchen dann die historischen Leuchttürme zur Linken und der Marinepeilturm rechts im Blickfeld auf und beflügeln den Spazierschritt. Neben der nördlichsten Gaststätte befindet sich die Deutsche Wetterstation. Dann aber sollte man sich die Zeit nehmen und die Ziele gut aussuchen. Ein Muss: die Besteigung der beiden historischen Leuchttürme. Auf dem »runden« Leuchtturm mit seiner knallroten Farbgebung fühlt man sich wie der Leuchtturm-

Breege: Hafen, 1984 (oben); die gleiche Sicht 2005 mit ausgebautem Hafen, Schiffsanlegestellen (nicht sichtbar die neuen Hafengebäude für Hafenmeister, Duschen/WC für Segler) sowie Neubauten für die Beherbergung von Touristen (unten)

Kap Arkona von Vitt gesehen mit dem ehemaligen Marinepeilturm und dem slawischen Burgwall, 1989

Luftaufnahme vom Kap Arkona noch mit Gebäuden des Flotillenstützpunktes, 1992

Kap Arkona von Vitt gesehen, 2006: Links der umgestaltete ehemalige Marinepeilturm (Ausstellungen und unter der Glaskuppel die Werkstatt des Künstlers Nils Peters); deutlich erkennbar der Uferabbruch

Luftaufnahme vom Kap Arkona, 2006: Die Gebäude der Volksmarine sind geschliffen, im Vordergrund sind die Konturen des Bunkers (1983 bis 1986 gebaut) zu erkennen.

Straße von Putgarten zum Kap Arkona: 1984 war sie für Pkw noch befahrbar. Die einzige Einzelbäuerin der DDR, Anni Schulz aus Putgarten, beim bestaunten Melken am Straßenrand (der Leuchtturm ist noch »geringelt«). 2006 posiert an gleicher Stelle ein Hund.

wärter und genießt die herrliche Aussicht in alle Richtungen. Dabei kann man auf den »kleinen Bruder«, den Schinkel-Leuchtturm, hinabblicken. In seinem Erdgeschoss ist das Hochzeitszimmer von besonderem Interesse. Eine Vielzahl von Brautleuten hat vor dem Schinkel-Leuchtturm gewissermaßen eine Erinnerungsstätte an ihren besonderen Tag entstehen lassen. Mit Namen und Datum versehene Platten sind dort niedergelegt, Platz für weitere Erinnerungsplatten ist vorhanden.

Der einst streng geheime Marinebunker, 1983 bis 1986 als Befehlsstand der 6. DDR-Flottille erbaut, ist heute bei Führungen begehbar und vermittelt einen Eindruck vom Dienst der einst dort stationierten Marinesoldaten. Weiter zu empfehlen sind: Kleiner Leuchtturm, Wanderung zum »Siebenschneiderstein«, Königstreppe und Museum. Der Weg führt weiter an Künstler-Pleinairs vorbei zum ehemaligen Marinepeilturm, der inzwischen eine Glaskuppel erhielt. Ausstellungen im Turm sind ebenso zu besichtigen wir die Werkstatt des Künstlers Nils Peters direkt unter der Glaskuppel. Aus dem Angebot kann gewählt und gekauft werden oder der Künstler gestaltet nach den Wünschen seiner Kunden das Schmuckstück. Der Rundblick geht von der früheren Jaromarsburg – dem slawischen Burgwall – über die Ostsee bis hin zum Fischerdörfchen **Vitt**. Westwärts grüßen die beiden Leuchttürme.

Im idyllischen kleinen Fischerdörfchen sind die reetgedeckten Häuser zu bestaunen, im kleinen Hafen kann man den Fischern zuschauen und die Idylle genießen. Ziel ist dann die Kapelle Vitt: Weil Pastor Kosegarten in der Altenkirchener Pfarrkirche die Fischer von Vitt vermisste, verlegte er seine Predigten an das Steilufer bei Kap Arkona. Doch auch hier waren die Fischer selten Gottesdienstteilnehmer. Deshalb ließ der Pfarrer 1806 die achteckige Kapelle Vitt errichten. Das schlicht gehaltene Innere zeigt eine Kopie des Gemäldes »Christus rettet den im Meer versinkenden Petrus« von Philipp Otto Runge und gegenüber dem Altar an der Wand des Eingangs ist das überlebensgroße Wandgemälde »Menschen im Sturm« des Italieners Gabriele Mucchi aus dem Jahr 1990 zu sehen. In unmittelbarer Nähe der Kapelle Vitt befindet sich die Wendeschleife der Arkonabahn, die den fußmüden Kap-Besucher wieder zurück nach Putgarten bringt.

Wer auf der Rückfahrt noch einen Abstecher zum Großsteingrab von Nobbin machen will, kann sich dort den Nachweis urzeitlicher Besiedlung anschauen und wird über die gewaltige Dimension dieses Grabes verwundert sein.

Fischerdorf Vitt: 1987 ist das Ferienhaus Vitt Nr. 9 von Irene Weber noch urig maritim geschmückt (links). 2006 ist das Grundstück saniert und das Nebengebäude schlicht gestaltet (rechts).

Weniger touristisch überlaufen ist Dranske. Die Betonstraße nach Bug endet an einem geschlossenen Tor. Der Marinestützpunkt Bug, ehemals Liegeplatz der 6. Flotille, sollte umgebaut werden, was aber nicht erfolgte. So ist jetzt ein Naturschutzgebiet entstanden, das von Besuchern nach Anmeldung in kleinen Gruppen besichtigt werden kann.

Danach geht es weiter nach Wiek. Das besondere Markenzeichen des modern ausgebauten Hafens ist der Rest der 1913 bis 1915 errichteten Transportbrücke, die der früheren Kreidebahn von Arkona zum Verladen im Hafen von Wiek diente. Dann schweift der Blick zur turmlosen St. Georgskirche mit gewaltigem Westgiebel, in deren Innerem sich ein Reiterstandbild aus dem späten Mittelalter befindet.

Bei der Weiterfahrt zur **Wittower Fähre** kommen wir an der Einfahrt einer Klinik vorbei. Die großzügige, unter Denkmalschutz stehende Anlage wurde bereits 1920 als Erholungsheim errichtet. Sie passt sich in hervorragender Weise in das Ortsbild und die Landschaft ein und bietet optimale Voraussetzungen für einen erholsamen Aufenthalt. Der Wanderatlas Rügen von 1989

Fischerdorf Vitt: historische Gaststätte »Zum Goldenen Anker«, Vitt Nr. 2 im ursprünglichen Zustand, 1984 (oben); 2005 mit Freisitz, Vordach und Sonnenrollo über der breit angelegten Terrasse (unten)

Rechte Seite:
Fischerdorf Vitt: Grundstück der Familie Graf, 1989 (oben), mit einigen Modernisierungen, 2006 (unten)

Fischerdorf Vitt: Die Handschwengelpumpe wurde 1984 noch zum Wasserholen genutzt. Farbig lackiert mit ebenso gestalteter ehemaliger Milchkanne und mit Stiefmütterchen bepflanzt ist die Pumpe heute nur noch Schmuckelement im Ort, 2006.

nennt sie Kindererholungsheim »Frohe Zukunft« der Sozialversicherung der DDR.

Das zu DDR-Zeiten benutzte Wittower Fährtrajekt (von 1896 bis 1970 wurden auch die Wagen der nordwestrügenschen Kleinbahnlinie über 250 Meter des Breetzer Boddens befördert) wurde außer Dienst gestellt und durch eine neue Fähranlage mit modernen Fähren ersetzt. Der Fährbetrieb von der Halbinsel Wittow zur Insel Rügen ermöglicht problemlos die Weiterfahrt nach Trent, Schaprode, Gingst, Ummanz, Bergen bzw. von dort nach Wiek, Dranske, Altenkirchen und Kap Arkona.

Für den, der es nicht so eilig hat, lockt das Restaurant »Wittower Fähre« zur Einkehr. Bei Speis und Trank schweift der Blick über das geschäftige Treiben der Fähre, das Gleiten über den Breetzer Bodden zum anderen Ufer, die Ankunft der Fähre und das Herunterollen der Fahrzeuge in fortdauerndem Rhythmus.

Wittower Fähre, 1984 (oben), links im Bild der Breetzer Bodden in Fahrtrichtung nach Trent; moderne Wittower Fähre 2006 in gleicher Fahrtrichtung (unten)

Rekonstruktion Rügener Parkanlagen

Beispiele Boldevitz und Pansevitz – der FriedWald

André Wittkamp

Auf Rügen befindet sich eine ausgesprochen hohe Anzahl von Gutsanlagen in verschiedenen Größen, die dezentral auf der ganzen Insel verteilt sind. Diese bestehen aus dem Herrenhaus, den Scheunen und dem Gutsgarten bzw. -park. Fast alle sind als sogenannte Dreiseitenhöfe (großes »U«) angelegt, wobei das Gutshaus den Querriegel bildet. Alle diese Anlagen waren mit Alleen verschiedenster Arten, meistens aus Eichen, Buchen, Rosskastanien, Ahorn und Eschen untereinander verbunden. Hierdurch bildete sich ein einzigartiges Netz, welches sich über ganz Rügen spannt. Innerhalb dieses Netzes bilden die Parks kleine Zentren. Das Netz von Alleen mit den Parks hat sich bis heute zum Großteil erhalten können und prägt demzufolge die Kulturlandschaft wesentlich. Das Spektrum der Parks auf Rügen reicht von der national bedeutenden Anlage wie dem Landschaftspark in Putbus bis hin zu fast verfallenen Objekten, bei denen auch das geschulte Auge Mühe hat, eine Gartengestaltung zu erkennen. Der Verfall steht im direkten Zusammenhang mit dem Ende des Zweiten Weltkrieges, der Enteignung der Gutseigentümer und deren konsequenter Vertreibung. Flüchtlinge aus den Ostgebieten wurden einquartiert, die Gutshäuser und zum Teil auch die Scheunen hat man parzelliert und in mehrere Wohneinheiten aufgeteilt. Damit einher ging die Parzellierung der Parkanlagen zu Kleingärten, um dort Obst und Gemüse anbauen und Kleintiere halten zu können. Nicht selten wurden Solitärgehölze zu Eckpfeilern für Schuppen umgenutzt und Zäune gezogen. Die Sichtachsen wuchsen zu. Aufgrund der Mangelwirtschaft schwand zunehmend die Lebensqualität in den ehemaligen Gutsanlagen. Nicht wenige waren bereits vor der Wende leer gezogen und verfielen zunehmend.

Die Situation der Parkanlagen verschlimmerte sich ebenfalls. Sie bildeten Abstellflächen für Maschinen und Materialien, fast überall wurden Stoffe jeder Art entsorgt und sie lieferten Brennholz. »Der Bezirksrat Rostock legte auf seiner 9. Tagung im Jahre 1983 fest, daß eine Konzeption zur Pflege, Nutzung und Rekonstruktion ländlicher Parks vorzulegen ist. Es wurden 301 Parks erfaßt, von denen fast die Hälfte nicht mehr als Park erkennbar sind, also entweder ganz verschwanden oder nur als Wald, Gartenland oder als landwirtschaftliche Nutzfläche fortbestehen«*

Mit der Wende erfuhren die Anlagen äußerst unterschiedliche Entwicklungen. Einige verfielen weiter, da z. B. die Kleingärten nicht mehr genutzt wurden und somit die restlichen Freiflächen nun ganz zuwuchsen. Andere Parkanlagen hatten Glück und wurden und werden noch durch Sanierungsmaßnahmen in den ursprünglichen Zustand zurückgebracht – im Wesentlichen durch private Initiativen, zum Teil mit öffentlichen Förderungen und auch Stiftungsgeldern. Positive Beispiele sind die Entwicklungen der Parks in Boldevitz, Gobbin, Groß Schoritz, Kartzitz, Klein Kubbelkow, Pansevitz, Putbus und Ralswiek. Darüber hinaus wächst die Zahl stetig. Rosengarten, Zürkvitz, Losentitz und weitere Anlagen befinden sich im schwierigen und langwierigen Prozess der Sanierung. Dennoch gibt es eine Reihe noch »schlafender«, d. h. der Sukzession überlassener Parks, die nach einer Instandsetzung rufen. Bei einigen Anlagen ist es so schlimm, dass sie schon nicht mehr die Kriterien des Denkmalschutzgesetzes erfüllen und aus der Denkmalliste gestrichen werden mussten. Exemplarisch sollen im Folgenden zwei grundverschiedene Parkanlagen und deren Entwicklung vorgestellt werden.

Boldevitz

Das Boldevitzer Herrenhaus wurde in der ersten Hälfte des 17. Jahrhunderts erbaut. Es ist das einzige Gebäude auf Rügen, bei dem sich zwei parallele Satteldächer erhalten haben. Es ist ein dreigeschossiger Renaissancebau, der im 18. Jahrhundert um zwei Flügel erweitert wurde. Im 19. Jahrhundert kam ein dritter hinzu. Im Festsaal des Gebäudes befinden sich die international

* Dietrich Timm: Analyse ländlicher Parks im Bezirk Rostock, 1989. In Natur und Umwelt, Heft 14.

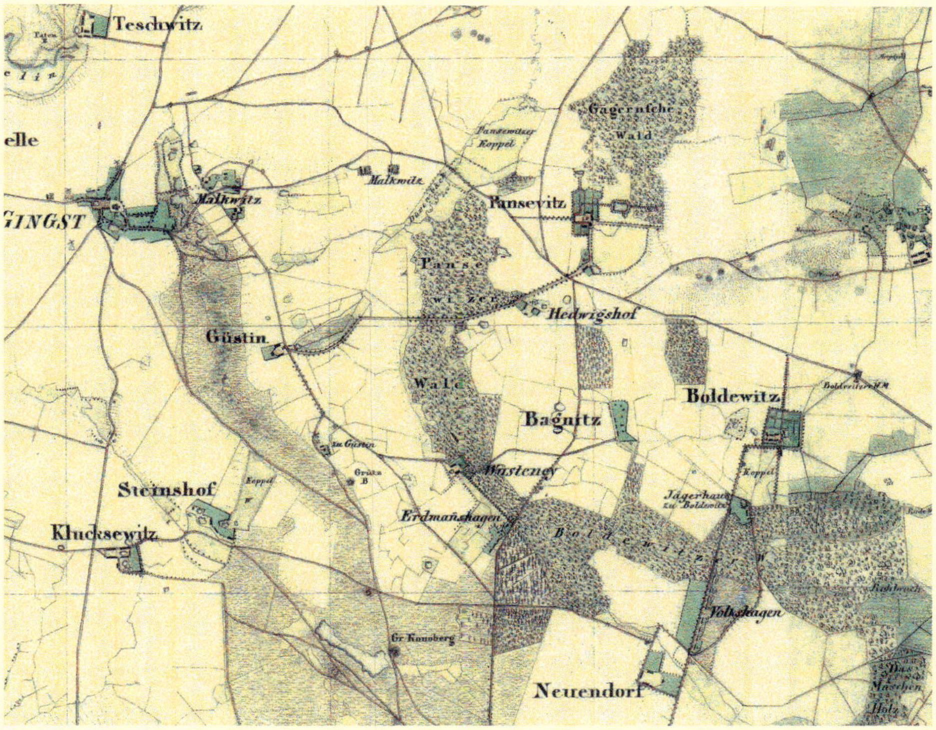

Landesaufnahme 1836

bedeutenden Tapeten, die zwischen 1762 und 1764 vom Landschaftsmaler Philipp Hackert geschaffen wurden. Der Künstler bemalte 6 mal 6 Quadratmeter große Tapeten mit Ideallandschaften und Motiven von Rügen. Damit entdeckte er fast ein halbes Jahrhundert vor Caspar David Friedrich die Insel für die Landschaftsmalerei. Das Tapetenzimmer auf Rügen ist mit dem in Stralsund die einzige vollständig erhaltene Raumausstattung Hackerts. Zu DDR-Zeiten waren die Tapeten ausgelagert und konnten nach der Wende nach einer kostenintensiven und lange andauernden Sanierung wieder in dem Saal aufgehängt werden.

Das Herrenhaus liegt annähernd zentral in dem quadratischen Park von ca. 12 Hektar, dessen historische Form auch für den Laien sehr leicht ablesbar ist. In der westlichen Hälfte des Parks standen die Wirtschaftsgebäude. Davon nördlich befanden sich die Obst- und Nutzgärten, während die östliche Hälfte hinter dem Herrenhaus der »eigentliche Park« war. Das ungleiche Alter der Parkbäume deutet auf eine mehrfache Umgestaltung hin. Drei prachtvolle Platanen hinter dem Herrenhaus mit über 25 Meter Kronendurchmesser und einem geschätzten Alter von über 300 Jahren werden vielfach mit der Bauzeit des Hauses in Verbindung gebracht. Die erste wesentliche Umgestaltung erfolgte, als sich Hackert in Boldevitz aufhielt.* Es gibt aber keinen Anhaltspunkt, ob er sich an der Gestaltung des Parks beteiligt hat.

Eine weitere Unterpflanzung erfolgte um die Mitte des 19. Jahrhunderts, vielleicht in Verbindung mit dem Bau des Mausoleums (1838) und der Kapelle (1839) im nördlichen Teil des Parks. Hierzu gehörte die Pflanzung eines Tulpenblattbaums (*Liriodendron tulipifera*), der Eichen (*Qercus borealis, Q. robur ,Q. robur* 'Fastigiata'), Kastanien (Aesculus hippocastanum) und Winterlinden (Tilia cordata), der in den letzten Jahren verloren gegangenen Blutbuche (Fagus silvatica atropurpurea) und anderer Besonderheiten. Am Nordeingang zum Park befand sich das »Löwentor« und im Süden das »Tellertor«. Zur Ausstattung des Parks gehörte im Lindenkarree ein Hirschdenkmal, im Bereich der Orangerie ein gefasster Zierteich.

Nach der Enteignung (1945/46) von Silvius Freiherr von der Lancken-Wakenitz-Albedyll, dem letzten Eigentümer, wurde Boldevitz als volkseigenes Gut weitergeführt. Das Haus beherbergte zunächst Flüchtlinge, danach die Verwaltung des Gutes und schließlich zwölf provisorische Wohnungen und einen Kindergarten. Die Räume wurden dazu neu aufgeteilt. Die Ausstattung sowie das Inventar gingen im Laufe der Zeit verloren. Neben den bereits erwähnten Tapeten blieben nur noch zwei ausgelagerte Spiegel erhalten. Im Park wurden wichtige Ausstattungsstücke zerstört, die Gewässer verschlammten. Die historischen und gestalterischen Qualitäten des Parks wurden kaum noch wahrgenommen und durch die Errichtung einer Bürobaracke und des Kulturhauses ignoriert. Kleingärtnerische Nutzungen mit Schuppen, Zäunen und wilden Trampelpfaden kamen hinzu. Anflugbesamungen zerstörten die räumliche Wirkung. In den 1990er Jahren wurde das Mausoleum abgerissen. Seit 1991 befindet sich die Anlage, inklusive großer landwirtschaftlicher Flächen, wieder in privater Hand. Seitdem wurde sie mit vie Engagement und erheblichen finanziellen Mitteln sowie auch öffentlichen Fördermitteln saniert. Heute erstrahlt sie wieder in vollkommener Pracht.

* Jühlke: Die Zustände des Gartenbaues vor 100 Jahren in Neuvorpommern und Rügen. Greifswald 1858.

Boldevitzer Herrenhaus saniert

Der sensible Umgang mit dem Denkmal ist ablesbar. In die Seitenflügel des Herrenhauses wurden hochwertige Ferienwohnungen gebaut. Der dritte Flügel ist abgerissen worden, da die ursprüngliche Fassung des Gebäudes zu Hackerts Zeiten angestrebt wurde. Der Mitteltrakt, in dem sich der »Tapetensaal« befindet, wird überwiegend privat genutzt. Der Wirtschaftshof mit den Scheunen, die völlig marode waren, musste komplett abgerissen werden. An dessen Stelle wurde ein Parterregarten angelegt. Seine Kanten greifen den ehemaligen Verlauf der hofseitigen Scheunenwände auf. Im Jahre 1997 konnte die aufwendig restaurierte klassizistische Gutskapelle im Park wieder eingeweiht werden. Sie ist seitdem ein Ort kultureller Veranstaltungen.

Der Park wurde komplett von Müll und Unrat beräumt, Rasenflächen wurden neu angelegt und Bäume gepflanzt. Gegenwärtig befindet sich nur noch eine als Büro genutzte Baracke im Park. Auch diese wird in absehbarer Zeit entfernt. Obwohl die gesamte Anlage unter Denkmalschutz steht, mussten natürlich im Hinblick auf die neuzeitliche Nutzung auch Kompromisse gemacht werden. Beispielsweise wurde am ehemaligen Obstgartenstandort im Park ein Tennisplatz angelegt. Da dort keine historischen Befunde waren und das Areal aufgrund von Pflanzungen nicht direkt einsehbar ist, fügt sich der Tennisplatz gut in die Gesamtanlage ein. Angrenzend wurde eine kleine Parkfläche für den Besucherverkehr eingerichtet, die sich ebenfalls optimal in die Gesamtanlage einpasst. Das Herrenhaus selbst ist, außer bei öffentlichen Veranstaltungen, den Gästen der Ferienwohnungen vorbehalten.

Da auf der Insel Rügen große Bauprojekte verwirklicht werden und deswegen naturschutzorientierte »Ersatzmaßnahmen« für diese Eingriffe erforderlich sind, trafen sich in Boldevitz im Jahre 2000 zwei Interessenlager. Einerseits der Eigentümer, der eine Erweiterung des historischen Parks anstrebte, und andererseits der Naturschutz, der Flächen für aquatische »Ersatzmaßnahmen« suchte. Binnen kürzester Zeit wurde vom vermittelnden »Landschaftsverband Rügen e.V.« ein Projekt entwickelt, welches die Neuanlage zweier Gewässer vorsah. Diese sollten an ein bestehendes hochwertiges Gewässerbiotop angeschlossen werden, das innerhalb eines weitverzweigten Baches, der »Duvenbeek«, liegt. Das bestehende Gewässerbiotop ist eine mit Wasser gefüllte Lehmkuhle, die durch die Entnahme des anstehenden Lehms für die Herstellung von Lehmsteinen entstand.

Ziel des Projekts war die Neuanlage von Großgewässern in offener Landschaft als Brut- und Lebensraum für Wasservögel unter Einbeziehung einer Pufferzone durch Stilllegung der angrenzenden landwirtschaftlichen Flächen. Vom Eigentümer wurden die an den historischen Park direkt angrenzenden und intensiv genutzten landwirtschaftlichen Flächen zur Verfügung gestellt.

Im Herbst 2003 wurde das erste Gewässer angelegt und die Bepflanzungen folgten, im Jahre 2005 wurde dann das zweite Gewässer fertiggestellt. Um das bestehende Biotop zu schützen, legte man fest, dass zwar Wasser davon in die neuen Gewässer fließen kann, nicht aber umgekehrt. Erst wenn sich die gleiche Wasserqualität in den neuen Gewässern eingestellt hat, sollten alle drei zu einem Verbund zusammengefügt werden. Für den Zeitraum 2007/08 sind die Abschlussbepflanzungen geplant.

Auch wenn der Begriff »Nachhaltigkeit« ausgesprochen oft missbraucht wird, muss an dieser Stelle darauf hingewiesen werden, dass diese Sanierung ein Paradebeispiel für Nachhaltigkeit ist. Das Herrenhaus wird im historischen Sinne wieder als Zentrum eines großen landwirtschaftlichen Betriebes genutzt und erhalten, zusätzlich konnte aufgrund von Kreativität und intensiver Zusammenarbeit ein Gesamtwerk geschaffen werden, welches sogar neuzeitlich erweitert wird. Alle Beteiligten, privater- und behördlicherseits, haben es verstanden, das Ziel im Auge zu behalten und der Sache dienliche Entscheidungen zu treffen.

Pansevitz:

Der Ort ist seit dem 14. Jahrhundert im Besitz der Familie von Krassow. Im 20. Jahrhundert fiel das Gut durch Heirat an die gräfliche Familie Inn- und zu Knyphausen. Das Herrenhaus wurde um 1600 erbaut und im 18. Jahrhundert erheblich umgestaltet. Mit seinen drei Flügeln bildete das Herrenhaus einen nur 27 Meter großen Innenhof. Um 1800 wurde das dem Hauptgebäude gegenüberliegende Kavaliershaus erbaut und damit der Hof räumlich gefasst. Der südliche Flügel des Hauptgebäudes wurde in den Jahren 1859 bis 1870 in den Formen der deutschen Renaissance errichtet und dem restlichen Gebäude eine dementsprechend angepasste Fassade vorgeblendet.

Der Gutspark erstreckt sich nördlich und östlich des Herrenhauses und ist heute rund 60 Hektar groß. Nach der Darstellung auf dem preußischen Urmesstischblatt von 1835 war der annähernd quadratische, von Baumreihen eingefasste Teil nördlich des Herrenhauses der alte Parkbereich. Er wurde vermutlich bereits im 16. Jahrhundert angelegt. In der Familiengeschichte derer von Krassow wird ein Garten an der Nordseite des Herrenhauses erwähnt, der »mit seinen zierlichen Rabatten gewiss sehr alt ist«. Die barocke Gartenanlage war mit einer Hainbuchenhecke (*Carpinus betulus*) an der Westseite gegen die rauen Winde geschützt. Ebenfalls überliefert ist zu dieser Zeit das Vorhandensein der Kornelkirsche (*Cornus mas*) und des Lebensbaumes (*Thuja occidentalis*).*

Anfang des 18. Jahrhunderts wurde der Park durch zwei große Alleen erweitert. Eine verläuft nördlich des Gutshauses in Richtung Norden und ist etwa 150 Meter lang. An ihrem Nordende gabelt sich die Allee und umfasst einen kleinen rechteckigen Teich. Die zweite, nach Osten verlaufende Allee von ca. 570 Meter Länge ist nur noch zum Teil mit Originalgehölzen besetzt. Sie wird in doppelter Reihe um den sogenannten Schwanenteich herumgeführt und am Ostende von einem quadratischen, mit einer doppelten Kastanienreihe eingefassten Platz abgeschlossen. Im Verlauf des nordischen Krieges soll die Lindenallee von in Pansevitz einquartierten schwedischen Soldaten gepflanzt worden sein. An verschiedenen Stellen sind Anfang des 19. Jahrhunderts Nachpflanzungen vorgenommen worden. Den Schlusspunkt der Allee bildete eine große Granitschüssel mit sieben Sitzen aus gleichem Material, die »Zwergenschüssel«. Wann diese aufgestellt wurde und wo sie verblieben ist, lässt sich nicht mehr feststellen.

Die zwischen den beiden beschriebenen Alleen liegende Fläche wurde vermutlich in der Zeit um 1746 durch Carl Detlef von Krassow als Parkanlage gestaltet. Bekannt ist das Vorhandensein von Statuen und Gruppen nach antiken Mustern im Geschmack dieser Zeit. Über das Aussehen dieser Statuen ist nichts Näheres bekannt, da Zeichnungen von ihnen bisher nicht aufgefunden werden konnten.**

Anfang des 19. Jahrhunderts wurde der Park wesentlich erweitert. Die barocken Elemente mit Ausnahme der beiden Alleen hat man weitestgehend entfernt. Vermutlich in der gleichen Zeit ist der frühbarocke Teil hinter dem Herrenhaus völlig beseitigt worden. Es erfolgte eine Bepflanzung im Stil des Landschaftsparks, in den auch die seitlich der Alleen befindlichen alten Waldflächen einbezogen wurden. Diese Teile enthalten dendrologisch wertvolles Pflanzenmaterial wie Sumpfzypresse (*Taxodium distichum*), Edelkastanie (*Castanea*

Erste Gewässer im historischen Park von Boldevitz

* Jühlke: Die Zustände des Gartenbaues vor 100 Jahren in Neuvorpommern und Rügen. Greifswald 1858.

** Carola Abts: TU Berlin, 1998, Sonderheft S 12, S. 79.

Sanierungskonzept

vesca), eine einmalige Rotbuche (*Fagus sylvatica* 'Atropunicea'), Pyramideneiche (*Quercus robur* 'Fastigiata') u. a. m. Zur gleichen Zeit dürfte auch die zum Herrenhaus führende Zufahrtsstraße mit Bergahorn (*Acer pseudoplatanus*) bepflanzt worden sein.

Über die Zeit nach 1858 ist nur wenig bekannt. Einzig das preußische Urmesstischblatt von 1858 gibt Auskunft über das Aussehen des beschriebenen Parks.

Die königlich-preußische Landesaufnahme von 1885 (berichtigt 1925) dokumentiert den Hauptbereich des »neuen« Parks als Landschaftspark. Die zahlreichen Wege schließen auf keine großzügige Gestaltung, während im Norden und im Osten ein großer »Waldpark« mit einer Lichtung einen großräumigen Erlebnisbereich erkennen lässt.* Im gesamten Parkbereich gibt es verschiedene Teiche und ein umfangreiches Grabensystem. In einem der Teiche (Wundersee) befindet sich die »Liebesinsel«, zu der eine hölzerne Brücke führte.

1945 war die Gutsanlage enteignet worden. Im Gutshaus wohnten mehrere Familien. Als der letzte Bewohner ausgezogen war und das Dach abgerissen wurde, diente es in den 1980er Jahren als Steinbruch und ist jetzt nur noch als beräumte und einigermaßen im Bestand gesicherte Ruine erlebbar.

* Fockenbrock: Rekonstruktion Park Pansevitz, 06.1991, nicht veröffentlicht.

Gesicherte Ruine des Schlosses Pansevitz

Der Gehölzbestand im Park Pansevitz hat durch die fehlenden Pflegemaßnahmen stark gelitten. Nur der individuellen Bewirtschaftung der Hauptfreiräume des Parks durch Viehweide ist es im Grunde zu verdanken, dass er in den letzten 45 Jahren nicht völlig zuwuchs.

Nach der Wende wurde die ehemalige Parkanlage zusammen mit der Ruine und dem Kavaliershaus von der gräflichen Familie von Innhausen und zu Knyphausen käuflich erworben. Jörg Graf von Innhausen und zu Knyphausen verstand es, sein Umfeld davon zu überzeugen, dass die Anlage gerettet und saniert werden muss. Das Eigentumsrecht hat er zu diesem Zwecke auf den Insula Rugia e.V. übertragen. Der Verein hat sich damit zur Unterhaltung dieses Parks verpflichtet, benötigt hierfür jedoch kompetente Unterstützung. Somit organisierte und gründete Jörg Graf von Innhausen und zu Knyphausen den beratenden »Parkbeirat«, der aus sechs Mitgliedern besteht. Es begannen die Grundlagenforschungen. Öffentliche und private Archive wurden gesichtet. Was war in den historischen Karten dargestellt, was davon ist noch vorzufinden? Viele kannten zwar Pansevitz, aber nur wenige den Park mit seiner bis dahin verborgenen künstlerischen und ästhetischen Qualität. Diese musste und konnte wieder herausgeschält werden. Die Sichtachsen, die Freiräume, die »Liebesinsel« im Schwanenteich lagen bis 1999 hinter Dickicht, Holunder, Eschen und vielem mehr verborgen. Die Natur überwandt alle Formen und führte uns vor, wie schnell vergänglich doch die Gartenarchitektur sein kann.

1998 begann die Sanierung wie mit Siebenmeilenstiefeln. Mittel der Allianz Umweltstiftung, private Unterstützung und öffentliche Fördermittel des Umweltministeriums wurden in erheblichem Umfang investiert und arbeitsplatzerhaltend eingesetzt. Auch Vergabe-ABM waren recht erfolgreich. Neben den denkmalpflegerischen Belangen wurden natürlich auch die Forderungen des Naturschutzes berücksichtigt. Zuerst wurden die Sämlinge entfernt, damit die Räume und Sichtachsen wieder zur Geltung kommen konnten. Dies geschah sehr behutsam und Stück für Stück. Dann wurden die Teiche und Gräben entschlammt. Allein am »Wundersee« wurden 15000 Kubikmeter Schlamm entfernt.

Geschädigte Alleenabschnitte und Solitärgehölze wurden neu gepflanzt, die Rasenflächen wieder ange-

Im Schlosspark Pansevitz, 2005

sät. Bereits ein Jahr nach Beginn der Sanierungstätigkeit wurde der Park als Außenstandort der EXPO 2000 in Hannover anerkannt. Seine Entwicklung rückte in das Blickfeld der Öffentlichkeit. Weitere Bauphasen konnten anvisiert und umgesetzt werden. Hierzu gehörte u. a. die Neuanlage einer schlichten Schotterparkplatzfläche und die komplette Beräumung und Sicherung der Schlossruine (2002/03).

Ebenso konnte das Hauptwegesystem, das aus einer wassergebundenen Decke besteht, angelegt werden. Gerade wegen dieser rasanten Entwicklung gestaltete es sich für den Verein immer schwieriger, die neu geschaffenen Parkareale zu erhalten und zu pflegen. An dieser Stelle muss eine Person besonders hervorgehoben werden. Es ist ein über siebzigjähriger Rentner, der von der ersten Minute an dabei war. Seit Jahren ist er bei Wind und Wetter und fast jeden Tag ehrenamtlich im Park tätig – sowohl im Bereich der Organisation als auch bei der praktischen Umsetzung der Sanierungsarbeiten mit Freischneider, Motorsäge, Rasenmäher usw. Trotz dieses überragenden Einsatzes, der im Jahre 2006 in aller Öffentlichkeit geehrt wurde, konnte selbst die regelmäßige Rasenmaat nur mit großen Mühen durchgeführt werden. Der Verein kam an die finanzielle Belastungsgrenze. Eine Lösung für die dauerhafte Sicherung musste gefunden werden.

Fündig wurde man bei den neuzeitlichen Bestattungsformen. Man erkannte die Chance, den Park als Urnenbegräbnisstätte zu nutzen. Im Ergebnis einigten sich die Beteiligten auf die Schaffung eines »FriedWaldes«. Die Idee ist, die Asche des Verstorbenen in einer sich auf natürlichem Wege zersetzenden Urne direkt an die Wurzeln eines Baumes zu geben. Die Grabpflege übernimmt die Natur. Der Begräbnisplatz ist als solcher nicht zu erkennen. Die Interessenten können sich zu Lebzeiten einen Baum aussuchen – sowohl für eine Einzelbestattung als auch für eine ganze Familie. Mit den Einnahmen des FriedWaldes soll der Erhalt des Parks dauerhaft gesichert werden.

Binnen kürzester Zeit durchlief das Projekt das Genehmigungsverfahren. Im Juli 2006 wurde der FriedWald feierlich eingeweiht. Deutschlandweit ist es bisher ein einmaliges Gemeinschaftsprojekt unter Beteiligung des Insula Rugia e.V., der Gemeinde Kluis, der Familie Graf von Innhausen und zu Knyphausen sowie der FriedWald GmbH (Internet: www.friedwald.de). Es ist der erste FriedWald überhaupt, der in einen historischen und öffentlichen Park integriert ist. Seitdem sind bereits ca. 25 Bäume »vergeben«, die meisten an Rüganer. Der Beirat legte jedoch fest, dass die besonders wertvollen Bäume unverkäuflich sind. Derzeit wird die Gründung einer Stiftung vorbereitet, die im Frühjahr 2007 abgeschlossen sein wird. Die Stiftung hat den Zweck, den Erhalt des Parks abzusichern. Die Zukunft wird zeigen, ob

Bäume im Schlosspark Pansevitz, rechts ein schon markierter Baum für eine Beisetzung im FriedWald

die richtigen Entscheidungen getroffen wurden. Derzeit stellt es sich aber so dar, dass der Park als dauerhaft im Bestand gesichert bezeichnet werden kann.

Einleitend wurde bereits angesprochen, dass mehrere Parkanlagen auf Rügen mehr oder weniger saniert sind oder sich im Sanierungsprozess befinden. Aus dieser Gruppe der Parkbesitzer bzw. -träger heraus entwickelte sich eine Interessengemeinschaft, die mit der Gründung des »Vereins für den Erhalt und die Weiterentwicklung von historischen Parks e.V.« im Jahre 2006 entstand. Er verfolgt das Ziel, die Parkanlagen in das touristische Gesamtkonzept der Insel zu integrieren sowie die Veranstaltungen und Themen untereinander abzustimmen. Darüber hinaus soll mit Hilfe der Vereinsstruktur ein hauptamtlicher »Parkpflegetrupp« aufgebaut werden, der eine qualifizierte Pflege der Parks sicherstellt. Da das Personal und die Maschinen explizit auf die Rügener Anlagen abgestimmt sein werden, sind erhebliche Kostenersparnisse und eine einheitliche Pflegequalität zu erwarten.

Ebenso soll mittelfristig die Prüfung abgeschlossen sein, inwieweit bei den jeweiligen Parks eine Wertschöpfung erfolgen kann – möglicherweise mithilfe von Eintrittsgeldern. Es ist für den Verein sicherlich noch eine langer Weg, aber im Ergebnis lässt sich feststellen, dass innerhalb der letzten 15 Jahre auf Rügen in diesem Bereich sehr viel geleistet wurde und die Parkanlagen sich sowohl bei den Einheimischen als auch bei den Besuchern der Insel zunehmender Beliebtheit erfreuen.

Trent – Schaprode – Ralswiek – Gingst

Linke Seite:
Schloss Ralswiek, Parkseite

Trent: Gasthaus »Fähr-Eck«, 1988 (oben); nach denkmalpflegerischer Sanierung, 2006 (unten)

Weiter geht es auf schnurgerader Straße nach **Trent**. Die Rügenurlauber erwartet die 1318 erstmals urkundlich erwähnte St. Katharinenkirche und die schmucke Gaststätte »Fähreck«.

Ehe die Fahrt nach dem Inselinnern fortgesetzt wird, folgen wir dem Autostrom nach **Schaprode**. Auch hier werden die Autofahrer vor dem Ort auf einen Großparkplatz geleitet. Obwohl Schaprode zu den ältesten Orten der Insel Rügen gehört und auf eine lange Tradition der Segelschifffahrt zurückblicken kann, ist es heute vor allem bekannt als Ausgangspunkt für die Passage zur Insel Hiddensee. Im nach der Wende modernisierten Hafen liegen komfortable Personenfähren, Wassertaxis, die den Einzelreisenden befördern, aber auch Segelschiffe sowie Versorgungsschiffe für die Insel Hiddensee. Unübersehbar, besonders vom Schaproder Bodden aus, ist die St. Johanneskirche, Landmarke für die Seeleute und Orientierung für die Touristen. Der schlanke Turm mit seiner unverwechselbaren Form weist den Booten den Weg zum Hafen. Bei einem Besuch des Gotteshauses fallen sofort der Lettnerbalken und die um 1500 entstandene Triumphkreuzgruppe auf. Ebenso können die von Hans Broder geschnitzte Kanzel, das Taufbecken und der Beichtstuhl bewundert werden. Sehenswert sind ebenfalls die Grabplatten der Familie von Platen. Wer noch etwas durch den schönen Ort mit seinen Kapitänshäusern bummelt, sieht an verschiedenen Fassaden interessante Inschriften oder aus neuerer Zeit die bildliche Darstellung Rügens aus Mosaiksteinen.

Von Rügens größtem Parkplatz rollen wir herunter und fahren durch Trent, um dann von der Landstraße nach Silenz abzubiegen und Neuenkirchen anzusteuern. In der dort gelegenen Kirche Maria-Magdalena, die etwa zwischen 1380 und 1450 entstanden ist, hängt die älteste Glocke Rügens aus dem Jahr 1357. Von Neuenkirchen aus sind Ausflüge zur Halbinsel Lebbin und zum Hügel Hoch Hilgor zu empfehlen. Vom auf dem 44 Meter hohen Hügel stehenden Grümbke-Turm aus Holz bietet sich ein reizvoller Blick in Richtung Lebbin, Lebbiner Bodden, Vieregge bis hin zum Breetzer Bodden, nach Hiddensee und zum Kap Arkona. Der Turm wurde nach 1989 umfassend erneuert. Ein Abstecher von Neuenkirchen nach Laase bringt uns zur im Wiederaufbau befindlichen Holzbrücke, die zur Halbinsel Liddow führt. Die Wanderung zum sanierten Gut Liddow geht vorbei an Feldern und Pferdekoppeln und bringt den Besucher in unmittelbare Nähe des »Hauptdarstellers« der Fernsehserie »Hallo Robbie!«. Das Tier ist hier auf dem Gut zu Hause.

Trent: VdgB Kombinat Milchwirtschaft Rügen, Sammelstelle Trent, Rohmilchanlieferung, 1984 (oben); das verwaiste Gebäude nach Betriebsschließung, 2005 (unten)

Touristisch nicht überlaufen ist das idyllisch gelegene Rappin. Die gotische Backsteinkirche mit frei stehendem Glockenturm besitzt ein Taufbecken aus dem Jahr 1250. Eine Bronzetafel am hölzernen Glockenturm beschreibt die wechselvolle Geschichte der 1701 gegossenen Rappiner Kirchenglocke.

Lohnenswert ist auch ein Abstecher zum wunderschönen Park Pansevitz. Das ehemals hier stehende Schloss war 1860 im Stil der Neorenaissance saniert worden und wurde 1963 fast vollständig abgerissen. Heute erinnern nur noch Ruinen an frühere glanzvolle Zeiten. Umso mehr entschädigt ein Bummel durch die im Rahmen der EXPO 2000 wiederhergestellten Teile des Parks. Der Wundersee mit Liebesinsel, der Schwanenteich, die gewaltigen Bäume, interessante Sichtachsen und die Baumalleen hinterlassen bei Naturliebhabern bleibende Eindrücke. Seit Juli 2006 ist der FriedWald in Nutzung (siehe S. 124 f.).

Auf der Fahrt nach Ralswiek leuchtet schon von Ferne das Gut Kartzitz. Das vom damaligen Besitzer von Usedom 1760 bis 1780 errichtete Gut ist die einzige auf der Insel Rügen erhaltene Barockanlage. Auch hier ist der wunderschöne Park eine Oase für den ruhebedürftigen Gast.

Der am Großen Jasmunder Bodden gelegene Ort **Ralswiek** wurde durch die Störtebekerfestspiele welt-

Schaprode: Fährschiff »Altefähr«, 1987 (links); modernes Fahrgastschiff mit Gastronomie, 2005 (rechts)

Hafen von Schaprode: Hiddensee-Urlauber drängen zur Mitfahrt, 1987 (oben).
Moderne Fährschiffe erwarten im ausgebauten Hafen mit neu errichteten Abfertigungsgebäuden die Touristen, 2005 (unten).

Ralswiek: Schloss als Altenheim, 1989 (oben);
links oben: Wappen über dem Eingang, 2006;
Ansicht des Hotelkomplexes »Schlosshotel Ralswiek«, 2005 (unten)

Ralswiek: Gaststätte »Dat Eckhus«, 1989 (oben) und saniert im September 2006 (unten). Neue Verkehrsschilder verkürzen die Entfernung nach Bergen um 1 Kilometer.

Gingst: Außenanlage der »Historischen Handwerkerstuben«, 1985

weit bekannt. Seinerzeit von Hans-Anselm Perten inszeniert und seit 1993 erneut auf der Naturbühne zu erleben, sind sie zu einer alljährlichen Attraktion und Tradition geworden. Innerhalb des dortigen Parks ließ Graf Douglas, der 1891 das Dorf Ralswiek kaufte, das Schloss Ralswiek auf einer Anhöhe erbauen. Der komplett sanierte Neorenaissancebau öffnete 2002 seine Pforten als Schlosshotel und besticht u. a. durch seine einmalige Innenarchitektur. Die das Schloss umgebende Landschaft des Großen Jasmunder Boddens mit seinen Steilufern bietet einen zusätzlichen Reiz. Gewissermaßen zu Füßen des Schlosses Ralswiek befinden sich die Naturbühne und der Hafen Ralswiek. Die Aufführungen von Episoden aus dem Leben von Klaus Störtebeker und die beeindruckenden allabendlichen Feuerwerke können die Hotelbewohner in den Monaten Juli bis August erleben.

Patzig und die Woorker Berge sind weitere Ziele auf dem Weg nach **Gingst**. Hier ist es der Marktplatz, der als einer der schönsten der Insel Rügen gilt. Es sind die Historischen Handwerkerstuben, die die Erinnerung wach halten, dass in Gingst die meisten und wichtigsten Handwerksbetriebe der Insel ansässig waren. Über allen sichtbar dominiert die große St. Jacobi-Kirche mit dem gewaltigen gotischen Turm, der von einer barocken Haube bekrönt ist. Vor wenigen Jahren wurde als neuer Besucher- und Touristenmagnet – insbesondere für Familien – der Rügen-Park gestaltet. Hier ist die Welt mit ihren bedeutenden Denkmalen, Gebäuden, Schiffen im Maßstab 1:25 zu besichtigen. In dem Freizeitpark ist die Insel Rügen in den Abmessungen 60 mal 100 Meter wasserumspült und mit den wichtigsten Bauten in Minutenschnelle zu umrunden und der findige Fotograf kann den Kirchturm von Gingst als Modell und Original auf ein Foto bannen. Die Parkeisenbahn fährt die Besucher auch gern an den Sehenswürdigkeiten vorbei und so schnauft der Zug auch mitten durch das Kolosseum von Rom. Für die erlebnishungrigen Kinder ist der Vergnügungspark mit 15 Fahrgeschäften, wie z. B. Riesenrutsche, Wildwasserrondell und anderem eine willkommene Abwechslung nach dem Besichtigungsprogramm.

Gingst: Museum »Historische Handwerkerstuben« mit gestalteter Außenanlage, 2005 (oben); Blick in die Schuhmacherwerkstatt Knaak. Sie ist eine Ausstellung der etwa 50 vorgestellten Handwerke in Gingst (unten).

Ralswiek und die Störtebekerfestspiele

Jürgen Schulz

Aus der Historie

Vor 500 bis 600 Jahren herrschte in unserem Vaterland das Faustrecht. Der Kaiser lebte weit fern der Küsten von Ost- und Nordsee. Ritter und Fürsten waren die Herren im Lande, aber auch sie waren untereinander verfeindet. Sie griffen die Kaufmannsstädte an und raubten den Bauern das letzte Vieh von der Weide. Kein Kaufherr konnte sich auf seinen Handelsreisen sicher fühlen. In dieser rechtlosen Zeit mussten sich die reichen Städte trotz wirtschaftlicher Konkurrenz zusammenschließen, um sich gemeinsam zu wehren. Der Städtebund der Hanse, dem die mächtigsten Handelsstädte angehörten, unterhielt sogar eigene Heere und Kriegsflotten und bildete eine Macht, mit der man sich nicht gerne anlegte. Der Haupthandel dieser Städte führte über die nordischen Meere. Schwerbeladene Koggen mit kostbaren Pelzen aus Russland, köstlichen Weinen aus Spanien und Portugal und schimmernden Tüchern aus Flandern und Brabant kreuzten vor den Küsten. Aber genau dort drohte Gefahr durch räuberische Piraten. Waren es zunächst adlige Freibeuter, die vor den Urwäldern des Darß oder in den versteckten Bodden und Wieken der Insel Rügen lauerten, so sollte dieser Seeraub bald zu einer ernsten wirtschaftlichen Gefahr werden, als sich unter dem Kommando Klaus Störtebekers und Goedecke Michaels das rechtlose Volk aus den Städten im Bund der Likedeeler, zu Deutsch »Gleichteiler«, zusammenrottete. Eine neue Seemacht stellte sich in Ost- und Nordsee den Kaufherren entgegen. Jeder Mann an Bord hatte zum ersten Mal gleiches Anrecht an der Beute. Unter dem Kampfruf: »Gottes Freund und aller Welt Feind« eroberten sie die Meere und das Herz des kleinen Mannes. Genommen wurde nur den Reichen, gegeben den Bedürftigen. War es da ein Wunder, dass Bauern und Fischer an den Küsten die Anführer wie Volkshelden verehrten.

Wenn wir ehrlich sein wollen, wissen wir allerdings über die beiden Hauptleute der Likedeeler kaum etwas, da es nur wenige sichere Quellen über sie gibt. Bei den Rüganern aber leben sie noch heute in Sagen und Legenden weiter. Man erzählt sich, der Störtebeker soll als Knecht auf dem Gut Ruschvitz auf Rügen geboren worden sein. Als er nach einem Streit mit dem Gutsherrn diesen in höchster Not erschlagen hatte, wurde er für vogelfrei erklärt. Jeder durfte ihn töten, und wer ihn gar beherbergte wurde selbst vogelfrei. Bei den Likedeelern fand Klaus Gleichgesinnte und da er einen riesigen Bierkrug in einem Zuge leeren konnte, nannte man ihn den »Becherstürzer«, den »Störtebeker«. Seine ungewöhnliche Kraft und sein oft tollkühner Mut ließen ihn bald zum Hauptmann und Kapitän werden und sein Name war in allen Hansekontoren an den Küsten gefürchtet und gehasst.

Schließlich, als die Handelsschifffahrt in Ost- und Nordsee unter dem Druck der Likedeeler fast zu erliegen drohte, rüstete die mächtigste der Hansestädte, Hamburg, eine starke Orlogflotte aus, um der Piraterie endgültig ein Ende zu bereiten. Man entdeckte den verhassten Feind nicht weit von Helgoland. Dort ankerten die Schiffe der Freibeuter, ein wenig abgesondert Störtebekers Admiralsschiff, der Seetiger. Nur List und Verrat konnten den Sieg bringen. Die Hamburger bestachen einen Fischer, der mit seinem Boot hinausfuhr und am Admiralsschiff festmachte. In einem unbewachten Augenblick goss er flüssiges Blei in die Angeln des Ruders, sodass es nicht mehr zu bewegen war. Im Morgengrauen lichteten die Hanseaten die Anker und griffen überraschend die Piratenflotte an. Störtebeker ließ die Feinde unbekümmert näher und näher kommen. Im letzten Augenblick sollte der Steuermann das Ruder herumreißen, um die Hamburger zu rammen. Doch auch mit aller Kraft ließ sich das Ruder nicht bewegen. Störtebeker griff selbst mit in die Speichen, aber das Schiff reagierte nicht. Da war auch schon die mächtigste Kogge der Hamburger, die »Bunte Kuh«, heran und rammte den Seetiger so stark, dass die eichenen Planken splitterten und das totwunde Schiff sank. Todesmutig enterten die Piraten das mächtige Schiff des Feindes. Aber auch damit hatten die Angreifer gerechnet. Ein stählernes Netz fiel aus dem Mast und beendete die Schlacht, ehe sie richtig begonnen hatte. Gefesselt wurden die letzten Likedeeler vor den Rat der Stadt Hamburg geführt und zum Tode verurteilt. Im Jahre 1401 wurden alle auf dem Grasbrook vor der Stadt enthauptet und ihre Köpfe als Abschreckung für jeden Feind auf Pfähle genagelt. Das einfache Volk aber hielt den unbesiegbaren Likedeelern die Treue. Und so erzählt die Sage:

»Als Störtebeker im Kreise der Getreuen seinen letzten Weg zum Richtblock ging, wurde ihm vom Henker, wie es Brauch war, ein letzter Wunsch gewährt. Da forderte er laut, dass alle es hören mussten: ›Ich will, wenn mein Kopf gefallen ist, noch einmal aufstehen und an meinen Gefährten vorbeigehen. Den Männern, bei denen mir das gelingt, sollt Ihr das Leben schenken!‹ Hohnlachend wurde ihm der Wunsch gewährt. Aber kaum hatte der Henker von Hamburg mit dem mächtigen Schwert sein Werk vollbracht, da erhob sich zum Entsetzen aller der kopflose Rumpf und wankte schweren Schrittes an der Reihe seiner verurteilten Getreuen vorbei, bis der entsetzte Henker ihm den schweren Richtblock vor die Füße warf. Trotz des feierlichen Versprechens wurden alle Gefangenen geköpft. Und so wurde Störtebeker noch im Tode betrogen. Im Volk aber lebt sein Andenken bis zum heutigen Tage als einem Befreier, der das Recht suchte, aber nicht finden konnte, weil die Zeit dafür noch nicht reif war.«

Ralswiek und die ersten Rügenfestspiele

Nach dem Zweiten Weltkrieg gab es eine völlig neue Situation auf Rügen. Zwar war die Insel von Kampfhandlungen weitgehend verschont geblieben, aber der unübersehbare Zuzug von Flüchtlingsströmen, die in den Badeorten die Bevölkerungszahl teilweise vervierfachten, brachte fast unlösbare Probleme. Eine neue Armut bestimmte das Leben der Insel. Dennoch begannen in den Badeorten die ersten Versuche, unter unsäglichen Schwierigkeiten den Urlauberverkehr wieder ins Leben zu rufen. Bald blühten trotz aller Mangelwirtschaft die durch den Krieg völlig vernachlässigten Ferienorte nach und nach wieder auf und die Gastgeber bemühten sich auch, den neuen Feriengästen neben dem Badevergnügen kulturelle Erlebnisse zu bieten.

Störtebekerfestspiele in Ralswiek: Nächtliche Aufnahme der Koggen auf dem Großen Jasmunder Bodden, 1980

In dieser Zeit, es war in der zweiten Hälfte der fünfziger Jahre, tauchte ein Mann auf Rügen auf, der sich als Dichter in den Schulen bereits einen Namen gemacht hatte. Kurt Barthel, mit Künstlernamen KuBa, kümmerte sich nicht um die oft völlig überforderten Kulturmänner in den Parteibüros. Mutig setzte er sich über alle neu entstehenden Machtgelüste hinweg, suchte neue Wege und fand sie: »Kulturbedürfnis weckt man nicht durch Rundschreiben, sondern durch das eigene Erleben!« Und welches Thema war in der kargen Kulturlandschaft nach all der Not wach geblieben? KuBa stieß auf den Namen Klaus Störtebeker und mit dem ihm eigenen Ungestüm ging er sofort ans Werk.

Im Jahre 1958 horchte ganz Rügen auf. Das Wort »Störtebeker« geisterte durch Wohnungen, Schulen und Betriebe. Man sprach von der größten Land- und Seebühne Europas, die in dem kleinen, fast vergessenen Fischerdorf Ralswiek am Großen Jasmunder Bodden errichtet werden sollte. KuBa rührte ungestüm die Werbetrommel: »Wer will zu den neuen Likedeelern gehören?« – »Wer hilft, dieses große Kulturereignis vorzubereiten?« – »Wer spielt sogar mit?«

KuBas Begeisterung zündete. Rügen geriet in ein wahres Störtebekerfieber. Betriebe meldeten sich: »Wir bauen mit an der Bühne!« – »Wir helfen den Ralswie-

Ralswiek: Naturbühne am Großen Jasmunder Bodden, 1. Sängertreffen auf Rügen am 31. Mai 1987

kern, ihr Dorf zu verschönern!« – »Aus unserem Betrieb fragen zehn Kollegen an, ob sie als Laiendarsteller mitmachen dürfen!« Die Leitung der jungen Festspiele prüfte gründlich. »Aus den kleinsten Dörfern müssen wir Mitwirkende werben», begeisterte sich KuBa. »Sie müssen die Kultur erst einmal schmecken, um später selbst aktiv zu werden!« Und so quälten sich schwere Busse durch schlammige Landwege, um irgendeine Bäuerin, einen Fischer oder ein paar begeisterte Kinder zu den Proben nach Ralswiek zu bringen.

Hart war die Arbeit und ungewohnt. Geld gab es nicht, dafür Proben, Proben, Proben. Verbissen arbeiteten fast 2 000 Laiendarsteller gemeinsam mit Berufsschauspielern unter der temperamentvollen Leitung des Generalintendanten des Rostocker Volkstheaters Hanns Anselm Perten. Rau war oft der Ton und rau waren die Bedingungen. Aber gerade durch diese unerbittliche Härte mit dem Blick auf ein fast märchenhaftes Ziel entwickelte sich eine feste künstlerische Gemeinschaft, die auf ganz Rügen höchste Erwartungen weckte.

Im Sommer 1959 war der große Tag herangereift. Fiebernd vor Aufregung stand das junge Störtebekerensemble auf der riesigen Bühne. Hinter ihm leuchtete der Große Jasmunder Bodden im blauen Festgewand und vor ihm saßen terrassenartig aufsteigend auf einfachen Bänken 10 000 erwartungsfrohe Zuschauer.

Was sich nun Abend für Abend auf der herrlichen Naturbühne abspielte, war kein einfaches Theaterstück. Die Mitwirkenden – frei von jeder künstlerischen Routine – spielten nicht, sie erlebten. Alles war echt. Der Jubel über einen Sieg des unterdrückten Volkes, Bangen und Zorn, Kampfbereitschaft und Trauer über den Untergang der Likedeeler. Alle fühlten sich in diesen Stunden herausgehoben aus dem tristen Alltag mit Planerfüllung und politischen Dogmen.

Drei Jahre lang blieb das festgefügte Ensemble zusammen, verzichtete auf Urlaub und freie Abende. Drei Jahre lang trugen die Likedeeler ihre Begeisterung durch das ganze Land, ja, über die Grenzen der DDR hinaus, die sonst so streng verschlossen waren. Überall in den kleinen Dörfern bildeten sich Gruppen, in denen Bauern und Fischer ihre Freude an der Kunst auch durch die einsamen Wintermonate erhielten. Likedeeler zu sein, wurde auf der Insel Rügen zum Privileg. Aber der Himmel zeigte nicht nur sein sonniges Gesicht. Erfolg gebiert Misstrauen. In Berliner Parteibüros und an einigen privilegierten Theatern regten sich die Neider. Man witterte Eigeninitiative, die auf Dauer schwer beherrschbar war. So setzten sich die Neider durch: Die Festspiele wurden für einige Jahre ausgesetzt!

Schlechte Alltagserfahrung erzeugt Misstrauen. Sollten die Festspiele, so schön und groß sie auch waren, wieder nur eine »Aktion« gewesen sein, die man aus politischen Gründen zur Aufwertung des Staates brauchte? Aber der Samen, den KuBa und Perten gelegt hatten, war bereits aufgegangen. Getragen von den einmaligen Erlebnissen wurde Rügen zu einer Insel, auf der die Kultur reiche Früchte trug. Neue Chöre, Tanzgruppen und Theaterzirkel entstanden. Jubelnd wurden in Betrieben und Schulen die alten Freunde der Störtebekertage begrüßt. Es waren die Schauspieler, die sich mit den Laiendarstellern nach wie vor fest verbunden fühlten. Kein grelles Promi-Gekreisch, keine Massenhysterie schlug ihnen entgegen. Hier spürte man ehrliche Hochachtung vor Fleiß und künstlerischem Können. Die Besucher berichteten den jungen »Kollegen« von ihrer Arbeit am Theater und mussten sich immer wieder der bangen Frage stellen: »Wann spielen wir weiter?«

Dass Hanns Anselm Perten im Jahre 1981 sein Ensemble wieder zusammenrufen durfte, soll auch daran gelegen haben, dass eine große westdeutsche Stadt sich um die Rechte der Aufführung des »Klaus Störtebeker« bewarb. Nun wurde auch den DDR-Kulturfunktionären bewusst, was für einen kulturellen Schatz sie schmählich vernachlässigt hatten. Hoffnungsfroh standen sie wieder auf ihrem Platz, die alten erprobten Likedeeler, und neben ihnen stand die Inseljugend. Mit der gleichen Freude nahmen sie erneut von ihrer Bühne Besitz und wurden vom Publikum begeistert begrüßt.

Im Spätsommer 1982 gingen dann endgültig die Scheinwerfer aus. Verlassen und traurig standen die Likedeeler auf einer Bühne, die ihnen Heimat geworden war. Die wirtschaftlich immer schwächer gewordene DDR konnte sich die Festspiele nicht mehr leisten.

Störtebeker kommt wieder

Wenige Jahre später brach eine neue Zeit für das Inselland an. »Wende» wurde sie schlicht genannt und hatte zunächst die Hoffnung der meisten Rüganer erfüllt, nicht mehr auf einer DDR-Insel zu Hause zu sein, sondern auf einer deutschen Insel. Geld floss ins Land, »harte Währung« hatte man sie getauft. Mit der neuen Währung kamen auch Investoren, die darüber verfügten. Rügen begann wieder zu blühen, allerdings auch manchmal nur üppig zu wuchern. Ergraute Badeorte erstrahlten wieder im hellen Weiß. Hotels schossen wie Pilze aus dem Inselboden. Bäder und Sportanlagen machten den Urlaub bunter und neugierige Gäste aus den alten Bundesländern bevölkerten die Ferienorte. Nur die herrliche Bühne in Ralswiek schien vergessen und bekam mehr und mehr den Zahn der Zeit zu spüren. Hin und wieder erschreckten zwar noch die donnernden Verstärker einer Rockgruppe den stillen Ort, aber bald versank alles wieder in stille Träume.

Doch Klaus Störtebeker war nicht vergessen. Zwei Menschen erschienen auf der Insel, die das Träumen in dieser harten Zeit nicht verlernt hatten. Sie brachten viel Mut, Wissen und Können mit. Staunend standen sie auf dem sonnenüberfluteten Hang, der hinunterfloss zu verrotteten Kulissen, die einmal Hunderttausende Besucher in Begeisterungsstürme versetzt hatten. Peter und Ruth Hick fassten den Entschluss: Die Störtebekerfestspiele dürfen nicht untergehen. Gemeinsam werden wir es schaffen, sie wiederzubeleben, aber nicht im alten Stil. Eine neue Zeit braucht neue Wege. Mit Optimismus, Liebe und Können warben, lockten, verhandelten sie, aber all der Mut, die Einsatzbereitschaft bis zum Letzten schienen vergebens. Eine Bevölkerung, viele Jahre betrogen, hatte das Vertrauen verlernt. »Geht nicht zu den Neuen! Das ist Verrat an unseren Likedeelertraditionen!« – »So schön wie damals kann es nie wieder werden!«

Ralswiek: Naturbühne mit der Störtebeker-Dekoration und Blick auf den Großen Jasmunder Bodden, 2005

Aber die beiden Neuen, der Regisseur und die temperamentvolle Schauspielerin, gaben nicht auf. Auch sie hatten eine Vision und wussten darum zu kämpfen. Schritt für Schritt rückten sie ihrem Traumziel entgegen. Sie fanden Freunde, wenn es auch zunächst verschwindend wenige waren. Doch Charme und Können des Künstlerpaares, Freundlichkeit und mitreißende Zielstrebigkeit, Geschick und Wille besiegten in wenigen Monaten die Woge trotzigen Misstrauens.

Der Tag kam, an dem wieder Tausende erwartungsfroh den weiten Hang vor dem stolzen Grafenschloss füllten. Wieder klang Jubel auf und spülte Misstrauen und manchmal wohl auch ein wenig Scham aus den Herzen. Das Vertrauen war neu erwachsen und – Rügen hatte seinen Störtebeker wieder. Ruth und Peter Hick hatten ihn zurückgebracht. **DANKE!**

Ummanz – Landow

Linke Seite:
Straße von Hagen nach Nardevitz
bei Sonnenuntergang, 2006

Eine 1901 erbaute, 250 Meter lange Brücke verbindet **Ummanz** mit Rügen. Gleich nach der Brücke auf der linken Seite befindet sich der Hafen mit Zufahrt zum Kubitzer Bodden. Rechts von der Brücke reicht das Wasser über den Koselower See bis zum Udarser Wiek. Gegenüber vom Hafen laden die Pfarrscheune und die Dorfkirche St. Marien zur Besichtigung ein. Zisterziensermönche schufen 1291 am Standort der Dorfkirche eine Kapelle, die 1440 zu der noch heute genutzten Backsteinkirche umgebaut wurde. Besucher sind immer wieder beeindruckt vom gotischen Schnitzaltar aus Eichenholz mit bemalten Klappflügeln, auf dem Szenen aus dem Leben des heiligen Beckett abgebildet sind. Dieser Altar wurde 1520 in Antwerpen gefertigt und von Kaufleuten für die Stralsunder Nikolaikirche erworben. 1708 kam er durch Schenkung nach Ummanz. Neben diesem Altar ist auch die auf 1572 datierte Renaissancekanzel hervorzuheben.

Eine Rundfahrt lohnt sich: durch den Naturpark Rügen, Suhrendorf und zum Badestrand. Von Suhrendorf mit seinem Campingplatz bietet sich der Blick auf den Süden von Hiddensee, zum Bock, nach Zingst und zur Insel Heuwiese. Der Weststrand von Ummanz lädt zum Baden ein. Danach verlassen wir die nur 3 Meter aus dem Wasser herausragende Insel Ummanz. Wenn die Zeit reicht, kann sich der Besucher auf dem Bauernhof Kliewe oder beim Bauer Lange ausruhen, bevorraten oder das angepriesene »Schweine-Kino« besichtigen. Wer dann noch etwas zum Verdauen braucht, schaut in der »Ersten Rügener Edeldestillerie« in Lieschow vorbei.

Die Fahrt führt über Gingst bis Dreschwitz mit einem kleinen Abstecher nach rechts zur Kirche **Landow**. Die Backsteinkirche mit dem aus dem Jahre 1733 stammenden Fachwerkturm musste wegen fehlender Bauunterhaltung während der DDR-Zeit aufgegeben werden. So wurde die barocke Holzdecke demontiert, das sehenswerte Beicht- und Patronatsgestühl ausgebaut und gesichert. Das um 1500 geschaffene wertvolle Triumphkreuz kann heute im Gemeindezentrum Stralsund-Knieper West besichtigt werden. Das verbliebene Gebäude wurde saniert und wird heute für kulturelle Veranstaltungen genutzt.

Über Samtens und Rambin nähern wir uns auf der B 96 wieder Altefähr und verlassen über die eingangs beschriebene Rügenbrücke die Insel. Die Vielfalt, die die Insel in jeder Hinsicht zu bieten hat, kann man bei einem Besuch gar nicht erschließen und deshalb sollte man unbedingt wiederkommen.

Ummanz: Die viertgrößte deutsche Insel in der Ostsee ist durch eine 250 Meter lange Brücke mit Rügen verbunden, 1987 (oben); nach der Rekonstruktion, 2005 (unten).

Ummanz: Dorfkirche St. Marien, 1987 (oben); 2005 (unten)

Die Kirche Landow aus dem 15. Jahrhundert mit Fachwerkturm von 1733, 1992 (oben); rekonstruiert 2005 (unten)

Auf den Spuren von Caspar David Friedrich

Reinhard Dreßler

Seit mindestens 200 Jahren werden Maler und Zeichner vom Reiz der Ostseeküste, von den unterschiedlichen Landschaftsformen in den Bann gezogen. Mit verschiedensten Techniken haben sie die eindrucksvollen Sichten gemalt und gezeichnet.

Meine erste Bekanntschaft mit der Insel Rügen datiert in das Jahr 1958. Als Zehnjähriger konnte ich mich dann im Kinderferienlager Wiek erholen und ein zweites Mal die Ostsee erleben. Damals saß ich im Hafen von Wiek und zeichnete. Die großen Findlinge der Hafenbefestigung hatten mich beeindruckt. Diese Begegnungen mit der Ostseeküste und der Insel Rügen waren für mich von entscheidender Prägung. Als ich mein Leben dann selbst gestalten konnte und Gebrauchsgrafiker wurde, kehrte ich periodisch – später mit meiner Frau und Familie – immer wieder an die Ostseeküste zurück, um die Natur zu erleben, zu genießen und um meine Eindrücke von der einzigartigen Schönheit zu malen und zu zeichnen.

Vom Stammquartier auf dem Darß unternahm ich mit meiner Familie Tagesausflüge zu verschiedenen Orten der Insel Rügen. Der Strand und die Ufer gehörten zu meinen Lieblingsmotiven. Während meine Familie die Badefreuden in vollen Zügen genoss, brachte ich die gewählte Sicht als Bleistift- oder Tuschezeichnung zu Papier. Willkommen waren mir Wanderer und Urlauber, die sich mit mir unterhielten und die schauten, was ich zeichnete und somit für würdig befand, dokumentiert zu werden. Damit schärfte ich auf unaufdringliche Art auch bei meinen Gesprächspartnern den Blick für das Besondere, das Schöne.

Dass die Sonne schien, war natürlich Grundvoraussetzung dafür, dass ich in meinen Grafiken mit Kontrasten und Schatten arbeiten konnte, um meinen Zeichnungen die nötige Tiefenwirkung zu verleihen. Viel später bemerkte ich, dass auch der Herbst auf Rügen seine besonderen Reize hat. Die atmosphärische Stimmung sowie das fehlende Laub ermöglichten Ansichten und Durchblicke, die im Sommer so nicht gesehen werden konnten.

Ein anderer wichtiger Grund für meine regelmäßigen Rügenbesuche war und ist nach wie vor das Wirken Caspar David Friedrichs und seines großen Bekanntenkreises. Spätestens seit Hermann Zschoche in seinem 1998 erschienenen Buch »Caspar David Friedrich auf Rügen« alle Rügenaufenthalte des Künstlers dokumentiert hatte, interessierte es mich persönlich, wo welche Vorarbeiten und Zeichnungen als Versatzstücke oft

Jahre vor den entsprechenden Gemälden entstanden waren. Seither verfolge ich den künstlerischen Weg Caspar David Friedrichs und versuche nachzuvollziehen, wie er ausgehend von der Zeichnung und dem Abbild vor Ort, später dann seine Gemälde mit ihrer Symbolik und ihren faszinierenden Aussagen geschaffen hat. Dabei versuche ich, das Ausgangsmotiv Friedrichs selbst zu erwandern und zu erleben.

Beim intensiven Befassen mit dem Leben und Werk Caspar David Friedrichs blieb es natürlich nicht aus, auch das Wirken des universell gebildeten Altenkirchener Pfarrers Kosegarten schätzen zu lernen, der namhafte Künstler auf die Insel Rügen geholt hat. Aus Aufzeichnungen wissen wir heute, wie anregend Kosegarten gewesen sein muss. In seinen »Uferpredigten« verkündete der Pfarrer, dass sich das Göttliche in der Natur offenbare. Das Erlebnis einsamer Natur selbst sei Gottesdienst und führe unmittelbar zum Gotteserlebnis. In den meisten Gemälden Caspar David Friedrichs ist diese Philosophie erkennbar.

Heute, wo besonders in den Sommermonaten auf der Insel Rügen der Massentourismus für gute Auslastung der Bettenkapazitäten und für Umsatz in der Gastronomie sorgt und wo Ströme von Urlaubern die Ruhe und Stille unterbrechen, habe ich meine Reiseplanungen geändert und komme zu Zeiten mit geringerer Besucherfrequenz. So kann ich – wie früher – sitzen, zeichnen und Gespräche führen. Die Gefahr, dass ich dabei Radfahrern im Weg bin, ist dann relativ gering. Meine Absicht ist es, sowohl mit meinen Skizzen aus früheren Jahren als auch mit meinen heutigen Zeichnungen dem Umweltgedanken, der Notwendigkeit des Schutzes und des Erhaltes der Natur mit all ihren Schönheiten, Rechnung zu tragen.

0 5 10 km
Rügen-Rundfahrt:
Gingst beschriebene Orte oder Objekte
GARZ berührte Stationen
Kap Arkona
Putgarten
Vitt
Schwarbe
Nobbin
Starrvitz
Altenkirchen
Dranske
Wieker Bodden
Wiek
Breege
Juliusruh
Wittow
Tromper Wiek
Schaabe
O S T S E E
Dornbusch
Kloster
Libben
Bug
Vitte
Vitter Bodden
Rassower Strom
Parchow
Breeger Bodden
Wittower Fähre
Vieregge
Lebbin
Breetzeer Bodden
Liddow
Neuenkirchen
Laase
Hiddensee
Fähr-insel
Poggenhof
Granskevitz
Neuendorf
Schaproder Bodden
Schaprode
Trent
Udars
Öhe
Udarser Wiek
Gellen
Gellenstrom
Bock
Tetzitzer See
Tribbevitz
Rappin
Kartzitz
Lohme
Ranzow
Gr. Stubbenkammer
Nardevitz
Bisdamitz
Stubben-kammer
118
Königsstuhl
Nipmerow
Hertaburg
Kl. Stubbenkammer
Glowe
Hagen
Gummanz
Nationalpark Jasmund
Piekberg
161
Bobbin
Neddesitz
Polchow
Großer Jasmunder Bodden
Jasmund
Stubnitz
Sagard
Wissower Klinken
SASSNITZ
Fähre nach Trelleborg, Bornholm
Dubnitz
Fähre nach Klaipeda
Lietzow
Neu Mukran
E22
E251
Ummanz
Koselower See
Silenz
Kluis
Gagern
Woorker Berge
Ralswiek
Patzig
Kleiner Jasmunder Bodden
Schmale Heide
Prorer Wiek
Fähre nach Kaliningrad
Suhrendorf
Waase
Wusse
Kliewe
Gingst
Pansevitz
Thesenvitz
96
Breite
Lieschow
Lieschow
Groß Kubitz
Boldevitz
Parchtitz
Prora
Muglitz
Gademow
Buschvitz
Heuwiese
BERGEN
Lubkow
Kubitzer Bodden
Liebitz
Landow
Dreschwitz
Groß Kubbelkow
Neklade
196
Karow
Binz
Granitzer Ort
Schmachter See
Zirkow
Granitz
Jagdschloss Granitz
Güttin
Tilzow
Sehlen
Sellin
Strelasund
Parow
Bessin
Rambin
Rothen-kirchen
Koldevitz
Posewald
Serams
Lancken-Granitz
Samtens
PUTBUS
Vilmnitz
Selliner See
Baabe
Karnitz
Groß Stresow
Moritzdorf
Preetz
Lauterbach
Die Goor
Göhren
Altefähr
Götemitz
Berglase
Kasnevitz
Wreechen
Wreechensee
Neuendorf
Stresower Bucht
Neu Reddevitz
Die Having
Alt Reddevitz
Middel-hagen
Nord-perd
STRALSUND
Krakvitz
Neukamp
Vilm
Rügenbrücke
GARZ
Hagensche Wiek
Mönchgut
Dänholm
Gustow
Poseritz
Rügischer Bodden
Gager
Drigge
Gustower Wiek
Sissow
Swantow
Dumsevitz
Groß Zicker
Anders-hof
Puddemin
Groß Schoritz
Puddeminer Wiek
Zicker See
Glutzow Siedlung
Schoritzer Wiek
Thiessow
Südperd
Wendorf
Devin
Neuhof
Zudar
Niederhof
Glewitzer Wiek
Zicker
Zarrendorf
Brandshagen
Poppelvitz
Zudar
GREIFSWALDER BODDEN
Stahlbrode
Elmenhorst
Ahrendsee
Groß Miltzow
E251
Reinberg